序言

美人在册，历历如斯。从一代倾城逐浪花的西施到万国笙歌醉太平的昭君，从眉黛促成游子恨的貂蝉到春风拂槛露华浓的玉环，中华大地从来不缺倾国倾城之美。可惜，自古红颜多薄命，书写青史的只能是令人唏嘘的风流韵事。

美成传奇，却又安然顺遂的，大抵也就夏梦一人。

传说中的夏梦，是20世纪五六十年代红遍两岸三地的女明星，是香港左翼电影公司的"长城大公主"，是才子金庸穷追不得的"梦中情人"。从18岁初登荧屏一举成名以来，夏梦演绎了万种风情，无论是摩登耀眼的都市丽人，抑或是端庄贤淑的少妇，甚至是女扮男装的反串，她的每一个角色都深受影迷追捧。17年演艺生涯四十多部作品成就了夏梦"香港西施"的响亮名号，可她却说："我觉得自己不是一个好演员，我只是自然，不作状。"

　　自然不作状的夏梦是民国传奇女子中的一股清流。22岁，青春正好，嫁做人妇；33岁，事业巅峰，急流勇退。尽管被称为"中国电影有史以来最漂亮的女演员"，夏梦却低调且安分，自出道起就给自己约法三章：不为人剪彩、不应邀外出吃请、不拍内容不健康的戏。在那个风云变幻的年代，美艳不可方物的女明星，守着一段婚姻，笃定地做着家庭主妇，坦然地面对年华老去，聪颖如此，亦是难得！

　　如今，美人已是杖朝之年，岁月的痕迹浮上曾经精致的脸庞，却也掩盖不了一如既往的淡然与知性。美人迟暮之恐或许只在影迷心中翻腾。最美的神话依旧有终点，丙申年的暮秋，夏梦走完八十三年的华美乐章，幻化成璀璨夜空里的一抹流星。

　　所幸，历经千帆，韶华仍在，夏梦未央。

目录
Contents

第一章
沪生·苏州河水养凝脂

003　最忆姑苏混堂巷
015　申城也有"杨家将"
033　上海人家，传来京腔雅韵

第二章
南来·春风十里香江水

047　娉娉婷婷十三余
054　今晚，闯"长城"
067　我是夏梦，仲夏夜之梦

目录
Contents

第三章
初面·朱门已识绮罗香

079　画报上的惊鸿一瞥
087　少女妆成新嫁娘
096　好一个"千面女郎"

第四章
出阁·行也思君！坐也思君！

115　导演岑范：两地西风人隔梦
126　儒商林葆诚：许你一世芳华
134　才子金庸：西施的模样，朝思暮想

003

目录
Contents

第五章
举世·疑是洛川神女作

151　乍暖还寒，北上
161　倾城出动，南下

第六章
暗潮·急流勇退

183　如梦令
198　谁知只剩故园春梦

目录
Contents

第七章
物外·再待他年山花插满头

207　在他乡，洗手做羹汤
212　重温旧梦
220　春暖花开

第八章
归来·梦回仲夏之夜

229　"青鸟"殷勤为探看
240　传奇再现江湖
246　美人未迟暮

261　后记：一梦一甲子

第一章
沪生·
苏州河水养凝脂

最忆姑苏混堂巷

糯糯吴侬软语,悠悠小桥流水,行走姑苏古城,自是春水碧于天,画船听雨眠的景致。2500年前,伍子胥在此选址建了吴都,可千百年来,江南吴郡传颂于世的并非其战时都城的盛名,却是苏州河水养凝脂的美名,似评弹里犹抱琵琶半遮面的娇羞,似昆曲里起舞弄清影的曼妙。

一朝山水一朝臣,一片园林一片声,留园清风过,吹尽薄脂粉。苏州的美名里,是玉洁冰清气若虹的虞姬,是新芫深与翠眉低的柳如是,是舞衣散秋影的苏小小……而自20世纪30年代后,这美人谱上又多了一个让人牵肠挂肚的名字——夏梦。

夏梦是20世纪五六十年代香港长城电影制片公司首席女

演员，也是香港左翼电影的代表人物。她外形艳而不媚，贞静平和，娴雅大方，兼之身材高挑，有"上帝的杰作"之美誉，是香港公认的西施。夏梦擅演擅唱，不论时装、古装、戏曲电影皆能胜任，是国语片罕见的全能演员。除了表演上获得的成就，她的倩影还定格在被毛泽东、周恩来、邓小平等党和国家领导人多次接见的历史影像中。在老一辈的影迷心中，夏梦是香港唯一一位可与奥黛丽·赫本相媲美的女明星。

夏梦一生主演过四十多部电影，红遍香江南洋。在内地，香港左派电影某种程度上填补了人们对现代生活、小资情调的浪漫想象。那时每当有此类影片上映，影院外总是排起彻夜的观影长龙。20世纪60年代初的上海，就曾有"千方百计为'一计'，三日三夜为'一夜'"的流行说法。"一计"指的是陈思思主演的《美人计》，而"一夜"便是夏梦主演的《新婚第一夜》。

和夏梦接触过的人，都说她不仅相貌端庄清丽，性情也聪慧善良。这样的女子谁人不爱？

李翰祥说："夏梦是中国电影有史以来最漂亮的女演员，

气质不凡，令人沉醉。"

金庸说："西施怎样美丽，谁也没见过，我想她应该像夏梦才名不虚传。"

王家卫说："我觉得夏梦才是古典美人。"

许鞍华说："夏梦的智慧比她的美貌更出众。"

倪匡说："要我流连在电影院之中，历三天之久，被赶也不走，就是为了要看夏梦。"

人人都争说夏梦，人人都爱夏梦。人人都知道夏梦归宿于辉煌的光影世界，可并不是人人都知道她来自何方？

这位生于上海、扬名于香港的民国佳人，她的故家就在姑苏城混堂巷8号杨氏宏农义庄。

古时苏州，有许多叫"混堂巷"的巷弄，老一辈儿常说苏州城是"七塔八幢九馒头"，"七塔"是姑苏城内外的七座塔，

"八幢"是八座经幢，而"九馒头"是指城里城外的九处澡堂，这就是旧时俗称的"混堂"。有混堂的巷弄自然成了混堂巷，可偏偏位于平江路上的这处混堂巷，以前并没有过混堂。原来，这处古时曾叫长庆里，东首接着仓街，西连着平江路，一条巷弄里有着不少的义庄、大人家的祠堂和厅堂，附近老百姓常常缠夹不清，一直混为一堂，说道是"简直混堂哉"，因此误读至今。

从平江路弯进混堂巷，才几步路就能看见杨氏的宏农义庄。门口八字照壁，一对石狮子守门，三落五进的南向宅院里，雕栏画壁间可见当年吴郡杨家的无限风光。

清代光绪二十五年（1899年），分省补用道杨延杲承其祖杨承宗遗志，在混堂巷的祖屋位置上，修建了杨氏宏农义庄。此后，便在这座宅子里，耕读为本、诗书继世，正如院里中落第二进砖雕门楼上的匾额——"翰苑流芳"，四个大字书尽杨家大宅后代子孙的文才武略，以此为故家的全是实业领袖、洋行职员、体育健将、电影明星等顶尖儿的角色。自不必说夏梦是红极一时的巨星，其胞妹杨洁是著名的篮球健将，杨家姐妹双姝一静一动，一文一武，实属难得！

当年的姑苏城里，杨延杲的大名是人尽皆知的，因为他可是乾隆皇帝钦点的状元郎。金榜题名之后的杨延杲任分省补用道，所谓的"补用道"是补用道员的简称，又称作候补道员。正选的道员分为主管钱粮的部政使和主管刑事案件的按察使，而杨延杲所任的分省补用道相当于现在的副省长，是花翎二品衔的大员。

都说苏州人杰地灵，最具标志性的就是苏州是历史上有名的"状元之乡"。自中国隋代开始科举考试以来至清末废除科举制度，苏州地区有记载的获得状元的人物数量之多遥居全国各城市首位。尤其是明清时期，在这两个朝代，全国状元仅有202名，苏州就有35名，占了其中的17%。

在清朝初年吴江人钮琇的笔记《觚賸》里，有一则苏州人引以为傲的轶事。

传闻清朝初年，翰林院里有一帮文人聊天，各自夸耀家乡的土产。广东人说家乡产象牙犀角，陕西人说家乡产狐裘皮毡，山东人说家乡产山珍海味，湖北人说家乡产优质木材……

众人"侈举备陈，以为欢笑"。而苏州人汪琬则默默不言，于是大家揶揄道："苏州自号天下名郡，钝翁先生是苏州人，怎么会不知道苏州的土产呢！"

汪琬故意一本正经地说道："苏州土产极少，只有两样东西。"

众人忙问哪两样，汪琬一板一眼地说："一是梨园子弟。"众人听了抚掌称是，并急忙追问另一样是什么。汪琬故意不说，愈是这样众人愈是问得急，汪琬慢吞吞地说道："状元也。"

按照汪琬的说法，吴郡杨家倒是把苏州的两大特产都给占了。曾祖父是人人称羡的状元郎，而曾孙女是人人热捧的大明星。

光绪三十年，杨延杲修成《吴郡杨氏家谱》，除记录了其自身经历及家人的身世外，还叙述了他所创办杨氏宏农义庄的历史，其中的不易和自豪可见一斑！

不过小小的姑苏城混堂巷阻挡不了杨家子弟外出闯荡的

豪情壮志。到了夏梦祖父杨叔鼎，踌躇满志的少年郎走出了杨家大宅，由姑苏城的混堂巷奔向了五光十色的大上海。从交通银行驻上海的小职员到证券交易所元大号的老板，杨叔鼎一路披荆斩棘，在实业救国的新征程上，创办了新一布厂、永大银行，成为了上海滩响当当的一个人物。

在旧上海，银行业是新贵们崛起的富贵之地。外滩是上海最早划为租界的区域，上海近代第一家洋行和第一家银行都是在此地设立的。在这片称为"东方华尔街"的热闹商圈里，集中了近百家外资银行、洋行，是中国的金融、外贸中心。杨叔鼎所创办的永大银行就落户于商埠林立之间。

当时的社会背景下，实业救国成为很多读书人的新志向。鸦片战争一声炮响，"天朝上国"威严扫地，中国跌入半殖民地的深渊，开始饱尝西方列强的凌辱。爱国思想家魏源愤然而起，编撰了《海国图志》，提出了"师夷长技以制夷"的主张，强调向西方学习先进科学技术以抵御外辱。此后，在19世纪后期相当长的一段时间里，始终作为一种社会思潮而存在，在中国近代众多的社会改革方案中占据着重要地位。

无论是洋务干将张之洞主张"发展实业可以强国强民"，积极创办铁厂、兵工厂，并筹办铁路，还是受李鸿章委托参与筹办洋务的郑观应提倡"商战"，认为发展商业能够富国，富国就能御侮，从而达到救国的目的，一批批读书人和爱国人士纷纷投资设厂。最典型的例子就是清代状元张謇为了实现"救贫"、"塞漏"的抱负，在两江总督张之洞的支持下，开始了"实业救国"的实践，由此带动更多有识之士投身商海，而杨叔鼎就是其中的一员大将。

自此，摒弃祖上读书做官旧路的杨叔鼎开始了他的从商之旅。而他以后的杨家人便是地地道道的上海人。

杨叔鼎的儿子，也就是夏梦的父亲毕业于圣约翰大学，先供职于交通银行，后与人合开股票交易所；儿媳曾是中学校花，说起夏梦的母亲葛璐茜，那一辈的上海人可能还有点印象，都说她是申城很有传奇色彩的美女。1930年代初，长江发大水灾，上海募捐救济活动之一是邀请当时上海十位最美的姑娘来义卖鲜花，花价随买花人心意，结果葛小姐一朵玫瑰卖至最高价500银元！一边是学养、才情俱佳的父亲，一边是貌美多姿的母亲，在如此"优秀基因的组合"下，夏梦来到世间。

1932年初春,已在大上海扎根的杨家迎来了响彻云霄的哇哇啼哭,粉粉嫩嫩的女娃儿成了家里的第一位千金小姐。纵横商家、叱咤风云的大家长杨叔鼎怀抱着娇滴滴的小人儿,很是欣喜。贤惠的杨老太太找来算命先生给孙女儿算了算,说是命中五行缺水,因而取了"濛"字,唤作杨濛濛。

濛濛花雨莺飞飞,一汀杨柳同依依。"杨濛濛"这个名字,倒是散发着另一种烟雨江南的诗情画意。然而,谁曾料想这小囡囡,日后幻化为电光魅影中的长夏盛梦,成为电影史上一段璀璨的星光传奇?

尽管世人更为熟知的是"夏梦"的芳名,但是"杨濛濛"这三个字则陪她度过了整个上海岁月,像是未出名前,俏皮可爱的世家小姐深居闺阁的乳名。1947年到香港读中学后,长大的千金小姐打开房门,眼见另一番摩登世界,开始觉得"杨濛濛"实在太嗲,索性自己拿定主意,去掉一个字,成了杨濛同学。

在学校里的杨濛同学褪去了杨家大小姐的娇弱，文韬武略样样在行。更重要的是，日后为人所称道的绝美容颜，也在青春年少之际越发突显。轰动一时的风云学姐慢慢地戴上了耀眼的光环。

后来，杨濛又变成了夏梦，是扬名世界的大明星。她在银幕上，演绎了万种风情，无论是摩登耀眼的都市丽人，抑或是端庄贤淑的少妇，甚至是女扮男装的反串，她的每一个角色都深受影迷追捧。银幕之外，她的盛名漂洋过海，在香港是首屈一指的当家花旦，在新加坡是引起万人空巷的超级明星，在北京是接受国家领导人表彰的突出成就者。

可在她的记忆里，上海是呱呱坠地的所在，而姑苏城混堂巷的宏农义庄已经成了寻根谒祖的符号。那座三落五进的大宅子里的风生水起，她并未亲眼所见，但是，宅院中的草木虫鱼她都知晓，好似撩拨思念的一把芦苇草，因为那可是大大、阿奶从襁褓婴孩长成青葱少年的地方，是她儿时每晚入梦前，呢喃在耳畔的睡前故事。

成名之后，夏梦走遍各色山山水水，可心底最割舍不下的便是远在苏州的故家。可那时的杨家大宅是怎样一番景象？

解放前后，姑苏城混堂巷的杨氏宏农义庄，由于久未人居，被邻近的姚家协成染织厂所占用。读书人杨延杲耗费大半生心血筑起的大宅院，充斥着轰隆作响的机器声，染布用的颜料肆意堆放，铁皮搭盖的加工车间内，烫蚕茧的热气熏天，车间之外，烟囱里跑出的废气在空气中蔓延。而后，这里又成了苏州染织二厂的职工宿舍，目之所及都是生活垃圾，偌大个院落毁坏严重，再也寻不得草木虫鱼。

听闻故家破败至此，夏梦心气难平。自从祖父搬离宏农义庄，奔赴上海之后，他们这一脉的后人重返故家的次数屈指可数。想象里的这方天地，应该是雕梁画柱的气派，应该是小桥流水的清幽，应该是承载欢声笑语的温馨。可如今呢？不只是夏梦这一房的远走，时光的流逝也渐渐冲淡了以往的人气，一代代后人从这扇门里出走，奔向更加美好的前程，却似乎忘了应该时不时地回头看看这片生我养我的故土。待到最后想要落叶归根之时，才发现故家早已失了原来的模样，只剩下像自己这般枯朽老态。

1995年,已过花甲之年的她联合族裔筹措资金,将杨氏义庄修复一新。夏梦一出马,这修缮之事进展得极快,杨家后人纷纷出资出力,拧成一股绳,不出数月就完成了修复大业。

修复后的杨氏宏农义庄依旧是朝南三落五进的大宅院。东落第三进祠堂面阔三间,扁作梁,有彩画,雀鹿、缠枝花椁木雕,中落第二进、第三进分别保留有乾隆五十四年的砖雕门楼和道光二十八年的门楼,诗书门第的气韵历历在目。

看着修葺一新的故家,夏梦几番感慨?

我们不得而知。或许,当真再离别覆手二三言,不见王侯只见君,来年姑苏城。

申城也有"杨家将"

"夜上海,夜上海,你是个不夜城。华灯起,车声声,歌舞升平。只见她,笑脸迎,谁知她内心苦闷。夜生活,都为了衣食住行。"

"金嗓子"周璇的一曲《夜上海》唱尽了当年"十里洋场"的繁华和场中人的迷与苦。20世纪30年代的上海,正如歌里所唱,车如水马如龙,夜夜笙歌。

作为中国沿海最晚建立的港口城市,彼时的上海是华东地区乃至长江流域的经济龙头,是威震八方的亚洲和远东第一大都市,其城市经济总量、金融证券市场规模仅次于纽约、伦敦,超过法国巴黎,也超过日本东京、大阪的总和。相较而言,当时的香港则是英国人殖民统治下的中国南方沿海的

"小渔村"，立志发展成为东南亚的"小上海"，就是那时香港人的普遍梦想，乃至奢望。

有人说20世纪30年代的上海充盈着灯红酒绿，弥漫着靡靡之音，因为在描绘老上海的电影里，你总能看到跑洋行的买办，穿旗袍的太太，在教会学校读英文的小姐，从法国留学回来的少爷，还有标志性的汇丰银行，圣约翰大学，百乐门夜总会，仙乐斯舞厅……对于现代的我们而言，模糊的老照片、发黄的月份牌、昏暗的汽灯、锈迹斑斑的怀表、破旧的老爷唱机都意味着浓浓的老上海风情了。

就像伦敦旧日出版的《上海》里面所写到的——"二三十年代，上海成为传奇都市。环球航行如果没有到过上海便不能算完。她的名字令人想起神秘、冒险和各种放纵。"

在这个全国最大最发达的城市里，到处弥漫着浪漫与时髦，梳着波浪式旗头盘发的上海名媛，手持新鲜出炉的《玲珑》杂志，行走于人来人往的街头，流连于剧院相馆，一派风流。20世纪30年代的老小克勒，穿西装、烫头发、红木文明棍的打扮蔚然成风。文明棍也叫"司的克"，其实就是细长的拐杖，当时那些新派男人，尤其是留洋回来的，都喜欢嘴叼深棕色胶木烟斗，手拿一根"司的克"，煞有派头。

对于已经成为地道上海人的杨家而言，海派的名媛绅士一点都不稀奇。因为他们家也正汇聚了一票新派人士，圣约翰大学、培罗蒙男装、共舞台音乐厅等一切都是出入杨家的人们每天挂在嘴边的生活日常。这些老上海的文化印痕，伴随着整个杨家的日出日落，上最好的学府，穿最时髦的服装，去最红的娱乐场所，从姑苏城混堂巷走出的杨家一脉，终于彻彻底底地融入了大上海的光怪陆离，成为了万千人羡慕的中层阶级。

而上海这个无比包容的国际化都市，接纳了任何投向她怀抱的人们。讲求实业救国的杨叔鼎在上海闯出了一片天，而他背后的杨家也似乎成了标杆。不知从什么时候开始，当杨家人全家老少出没在静安寺、南京路时，沪人都会惊呼一声：杨家将来也！

历史上戍守北疆、抵御辽敌的"杨家将"妇孺皆知，这个称谓已不单单是一段传奇，早已化作一种符号，用来称颂每一个将"杨"姓的荣耀发扬光大的集体。而这个在大上海的街头巷尾，被冠以"杨家将"美名的杨姓家族，其背后必然是一段旖旎璀璨的海上往事。

大家长杨叔鼎在大华路（今南汇路）上购置地皮，营造起自家的花园洋房。与姑苏城混堂巷古朴的大宅不同，大华路上的这处院落是西式风格，新派建筑的大气和奢华在这里随处可见，自带的花园庭院种满了应季的鲜花，幽幽清香中是孩子们欢快玩耍的笑脸。偌大的别墅里整整61个房间，家中的十几位少爷小姐当时大多尚未嫁娶，一家人便住在一起。杨家的后生晚辈个个郎才女貌，不仅秉承了江南人的秀美长相，而且都是身材颀长的衣架子。

夏梦的父亲是圣约翰大学的毕业生，活跃于金融界。说起当时圣约翰大学可是上海上流社会的高等学府，是中国首座全英语授课的学校，也是在华办学时间最长的一所教会学校。作为当时上海乃至全中国最优秀的大学之一，圣约翰大学的校友影响甚至改变了中国乃至世界近现代无数领域的历史。73年的办学历程中，圣约翰大学享有"东方的哈佛"、"外交人才的养成所"、"现代中国绅士的摇篮"等盛名，更是培育出了颜惠庆、顾维钧、宋子文、林语堂、邹韬奋、刘鸿生、荣毅仁、经叔平、贝聿铭、史久镛、周有光等一大批声名显赫的校友，成为中国教育史上的传奇。

夏梦的母亲葛璐茜也非等闲之辈。葛氏名维宗，字萝仙，号露茜、玫瑰，人如其名，宛若含苞待放的鲜花，她是中西女塾名副其实的校花。从书香门第走出来的大家闺秀大多不满足于样貌上的俊美，总归得研读些许盛世文章，才担得起这才貌双全的美名。更有甚者，力求习得十八般武艺，琴棋书画样样精通才最好不过。夏梦的母亲葛璐茜属于后者，她盛年的芳姿和文笔，封存在上海名媛妇女杂志《玲珑》中。书影里的她，是清水芙蓉小圆脸儿，散发着东方古典的贞娆，眼眉之间，与成名之后的夏梦颇为相似；但是写到时尚，换上亲自设计的春天时装，轻柔薄纱，飘逸着浪漫的神采，却难掩其贵族名媛都市摩登的自信丰韵。她不仅工诗词，更是当年上海名噪一时的探戈舞艺术家，当年多少才俊做梦都想与葛小姐翩翩共舞，一睹芳华。

1931年，圣约翰大学的才子和中西女塾的校花喜结连理。这桩婚事无论怎么看都是郎才女貌、门当户对，一双璧人出街总是引来极高的回头率。隔年，两人的爱情结晶降生于世，这就是大女儿夏梦,过了两年妹妹杨洁也出生了。

因之前已有夏梦,葛璐茜很希望添个男丁,当时请人听胎心,认定是男孩,很是高兴,还开玩笑地说要是女孩就不要了。葛璐茜的一句戏言,让杨老太太听说后惊恐不已,直说:"你们不要,我要。"结果一语成谶,二女儿杨洁刚出生满月,就被祖母带在身边养。

夏梦两姐妹的出生使得杨家更加人丁兴旺。"杨家将"的称谓不知何人何时所起,反正逐渐在上海就叫开了。杨家与很多上海的文化名流、商界政要都有往来。当然,这一方面是杨叔鼎经营实业、开办工厂所需要的正常应酬交际。不过,更重要的是,作为乾隆钦点的状元郎的后代,杨家人不仅有儒生的见识和教养,又有生意人的豪爽和洒脱。尤其是杨家人的好酒量在整个上海滩都是鼎鼎有名的。但凡家里来了客人,小辈们就会被叫到饭桌前喝个一杯半杯,全当展示了独门技艺,家中男女老少个个都是"酒中豪杰"。

杨家花园别墅的门内,常常觥筹交错、欢声笑语。可是,不能忽视的是,这扇大门之外,却是另一番场景。20世纪30

年代上海的灯火霓虹下还潜藏着一片惶惶人心。

"九·一八事变"后，日本占领了中国东北地区的大量土地，并试图扶持前清朝皇帝溥仪建立满洲国。但此一行动刚开始就受到了以国际联盟为代表的国际社会的普遍反对，于是日本决定在上海这一国际性的大都市制造事端以转移国际视线，使日本对中国东北地区的侵略与控制行动能够顺利进行。日本帝国主义精心策划，在上海唆使日僧挑起争端，与中国工人发生互殴，指使日侨纵火焚烧三友实业社，并煽动千余日侨集会游行。

如此，中日两国间的对立由这两起相互袭击事件而发展到了一触即发的状态，世界各国的注意力也由中国东北移到了上海。1932年1月28日晚，日本侵略者突然向闸北的国民党第十九路军发起了攻击，随后又进攻江湾和吴淞，"一·二八事变"爆发。

淞沪抗战初期，国民党兵力甚多于日军，日军战争目的只是转移国际视线。如果国军按照计划发动进攻，战争过程即使惨烈但完全可以取得更大胜利。可惜国军内部意见不统一，大军进退犹豫不决，过分期望国际调节，以致错失好局。不过迫于各界压力，蒋介石政府终于派出了张治中率领蒋介石嫡系部队第五军驰援上海，经过六昼夜争夺战，日军遭受重创，由全线进攻转为重点进攻，再由重点进攻被迫中止进攻。

淞沪抗战打了33天，日军增兵达五个师团，八万多人，十九路军和义勇队，加上后来加入的第五军抗敌者，最多时不过四万人；日军装备飞机、军舰、大炮、坦克等应有尽有，防卫能力占优，十九路军武器只有长枪、机关枪和手榴弹，官兵斗志和野战经验占优。但最终结果这场战争没有赢家，而对于中国人来说，淞沪抗战揭开了全民抗战的序幕。

门外正值日寇侵华的乱世，杨叔鼎自然不让家人轻易外出。可偌大的一个宅院，怎么能安定住这帮少男少女的心性？那可是距今有八十多年的20世纪30年代，上映一部有声电影都是极稀罕的大事，有钱人家里最热闹的物件恐怕就是收音机和唱片机了，再好、再大的房子里没有些好玩的事儿，如何降服得了这群正值好动年纪的孩子们？

杨老先生思虑再三，决定让他们在体育和音乐上找乐子。

体育能够强身健体，增强抵抗力，而且可以消耗青春期少男少女们富余的精力；音乐可以陶冶情操，锻炼心性，两者刚好一动一静，张弛有度。但是如何在这两大项中找到适合的项目则是有大学问了。在杨老先生看来，游泳肯定是不行的，因为没有个专人看管，难保会发生溺水事件。踢足球也不行，所谓拳脚无眼，到时候赛况一激烈，铲到脚啦、踢断腿啦，怎么得了？

最后，老爷子把目光锁定在篮球上，索性在自家建起了篮球场。又购置了西洋乐器和京剧场面，聘请教师上门辅导，每位孩子依据兴趣自行选择。老人的这种安排本是出于家人安全的考虑，但无心插柳的事情总是不绝如缕，夏梦的三位叔叔后来都和女篮运动员喜结良缘，一位姑姑嫁给了京剧名家。

当时的上海有一支呼声极高的"大华篮球队"，队员都是圣约翰的毕业生，大华路杨府的"杨家将"是其中的主力，年幼的夏梦和妹妹杨洁便是负责看球衣的球童，久而久之，长辈们也开始教她们打球。

在篮球上，杨洁比姐姐投入更多。读书的时候，杨洁因为身高优势被学校的体育教练看中，幼时跟着叔叔们打打闹闹积累的经验让她在篮球队当起中锋。后来，靠着不服输的劲头，杨洁在篮球赛场上驰骋了十余年，擅长中锋策应、勾手投篮的她一路打着比赛进北京，最终还成了国家队的教练员。谢晋执导的电影《女篮五号》中的主人公林小洁，生活原型就是杨洁。从国家队到北京队，杨洁始终穿着5号球衣，因她球风奔放，注重实用性，谢晋便选中她作为电影原型人物，最初是想启用她本色出演，但是因拍摄时间需要四个月，队里考虑会耽误训练而作罢。

那夏梦呢？用杨洁的话说，姐姐与"四处闯荡"的自己不同，简直就是爸妈捧在手心里的小公主。洋娃娃的模样再加上不吵不闹的安静性子，夏梦当然是全家人宠爱的对象。

旧时富贵人家的小孩大多是有奶妈的，夏梦却是更加与众不同，连奶妈都省了，一直吃"白伦爱兰"牌奶粉长大。在当时，奶粉大多都是舶来品，价格昂贵不说，还不容易买到，除非特地交代相熟识的贸易公司，十分紧俏。而且，夏梦的父母也十分关注她成长的每一个细节，完全把这个大女儿当作淑女、名媛来教养。无论是学习各种才艺，还是人际交往，他们俩都严把质量关。

夏梦印象最深刻的是，小时候邻居家有个小朋友，因为两人同岁，所以家里的保姆经常带着两个女娃娃一起玩耍。过了一段时间，夏梦的父母突然发现小夏梦说起话虽然奶声奶气的，但是仔细一听，有许多重复、叠字的地方，整个句子讲起来也不怎么利索。这个小细节可吓坏了夏家人，想着原来不是这样子的呀！于是，他们千方百计要找出其中原因，最后才发现，问题出在每天的玩伴身上。

原来，邻居家的小朋友讲话的时候有口吃的毛病，在一起待久了，夏梦有样学样，渐渐自己说起话来也不利索了。知道事情的来龙去脉之后，夏梦的父母就不准两人一起玩耍，还专门花了时间纠正她的发音和讲话。这件事之后，夏梦难过了好久，因为她再也见不到自己每天朝夕相处的小伙伴了。

五岁那年，夏梦前往光艺照相馆拍下一辑照片，照片上的小夏梦圆圆的脸蛋嵌着炯炯有神的大眼睛，十分可爱。后来这辑照片被家里人送去报名参加了《大陆报》主办的上海市儿童摄影比赛。杨家大小姐虽然年纪尚幼，但已经是明眸皓齿的小美人，几张小小的照片就初见端倪。最终，小夏梦的靓照一举夺魁，这张照片还被陈列在照相馆的橱窗里，在繁华的静安寺路上格外引人注目。

到了读书的年纪，夏梦越发出众，犹如深受阳光雨露恩泽的花骨朵儿。她从协进小学毕业后，进入圣玛丽亚女校就读预科，当年的兆丰花园，正是她步行上学的路径。

1945年，夏梦和妹妹考入上海中西女中继续学习，在她们的母亲葛璐茜的母校里开始了寄宿学校的生活。

杨家两姐妹就读的上海中西女中是有名的贵族学校，学制十年，主要招收富家女子入学。在当时的上海，中西女中是和圣约翰大学一样出名的上流学府。她的前身为中西女塾，是美国基督卫理教会在上海创办的贵族名校。中西女中的杰出校友很多，横跨政、经、文、教各个领域，最知名的当数在中国近代史上叱咤风云的宋霭龄、宋庆龄、宋美龄三姐妹。

作为当时上海顶尖的贵族教会学校，学校采用的是欧美贵族教育方针，对学生在不同场合所应遵循的礼仪和规范的教育，更是其中的核心。因此，毕业于该校的学生，接受了来自西方文化的熏陶，一如中文校名，兼备了学贯中西、德才兼备、秀外慧中的素质。

上海中西女中校史上最出名的校长当属薛正。同夏梦一样，薛正的籍贯也是江苏，是接受过高等教育的进步女性。她把自己的教育理想都寄托于上海中西女中的办学上，聘请中国教师讲授中国历史、中国地理，还组织学生演出中国现代剧《一片爱国心》。为了在教育上争取更多自主权，薛正聘请七名中国教师组成校政委员会，一定程度上抵制了美国顾问的控制。

太平洋战争爆发，美国教会决定解散中西女中，薛正坚持办学，成立中国人自己组织的校董会。后来，侵华日军"征用"中西女中校舍，她不顾个人安危，先后六次亲自到日本陆军司令部交涉。可惜，交涉未果，中西女中校舍仍被强行迁校。

夏梦的童年时代就是在这所贵族学校里度过的，这里是集万千宠爱于一身的小公主第一次离开家门，独自学习、生活的地方。严格的老师、陌生的集体生活、应接不暇的文体活动，都让夏梦感到既好奇又兴奋。以至于离开学校十余年后，当时的趣事历历在目，化作笔下文字，如今看来也是妙趣横生：

起先，我总觉得离开家是孤独而寂寞的，不论吃的东西、睡的床、窗外的景物，都迥然不同，幸亏有妹妹陪伴着我。

我们住的那间屋子，一共四个人，四张床平放在一排。晚上睡在床上的时候，一眼望过去，有两个尖脚丫子，伸出在床外边，那就是我妹妹。那时候的她，是全校数一数二的高个儿（按现在高度五尺十一寸半）。

同屋的四人，性格完全不同。我妹妹像个男人，不喜欢打扮，爱好运动。我呢，性情比较随和，总是依照别人的意思。另一个姓梁的同学呢，脾气固执，什么事都是她出的主意。另一个姓马的同学常摆小姐派头，讲话细声细气。我们四个人，变了两对反比例。可是我们相处得很好，从来也不吵架。

每逢星期六，我回家待一天。所以，到星期六上课的时候，我的心早已回家了，每分钟都在盼望下课。好容易挨到下课钟响，拿了书包，急忙奔出大门，每次一看，妹妹早已在门口等我，大概她脚长的关系，所以特别快吧。虽说假期令人向往，但如果每天是假期，也会觉得无聊。难得有一天，那才有意思，因此决不会去浪费它。隔天回学校时，我们总是带了许多饼干、水果进去吃。

这些趣味横生的文字看来倒有些少女的小情绪，多年之后还能品出些许当年校园生活的娴静和细碎。

在学校里，夏梦可是活跃分子。为了培养学生多方面的兴趣，上海中西女中组织各类课外活动，还明文规定每周安排两次文艺表演，各班轮流进行，一次半小时，为学生们提供发挥演艺才能的平台。因为夏梦身材高挑，比同班同学都能高出一个头来，所以在班级的文艺表演里，她往往担任男主角，印象最深的一次就是反串扮演孙中山，这是她透过这个小舞台初展演艺才华。说来也是巧合，直到后来进入电影圈之后，夏梦也常常在电影里出演反串的角色。例如在她主演的多部越剧电影里，夏梦就曾扮演过器宇轩昂的风流才子。

一来是因为她特有的身高优势，毕竟在当时，身高超过一米七的女明星实在很少见。二来还得益于她落落大方的气质，就算反串起来也一点都不女气。

学生年代的夏梦就已经是话剧迷，也看过不少话剧和电影。在对戏剧的爱好和学校的文艺熏陶下，夏梦爱上了莎士比亚。

对于当时的年轻人来说，莎士比亚的书还是新鲜读物，远远不如现在普及。莎士比亚进入中国人视野的时间可以上溯到19世纪的中叶，不过直到20世纪初才被引进中国。1921年，田汉率先以白话文翻译出莎士比亚"四大悲剧"之一的《哈姆雷特》，过了三年之后，才翻译出著名的《罗密欧与朱丽叶》。这期间，诚冠怡、曾广勳、邵挺、戴望舒、张文亮、顾仲彝、彭兆良等人亦相继译出了《训悍记》《第十二夜》等六部莎士比亚的戏剧。后来，上海戏剧社的演员们甚至按照顾仲彝所翻译的《威尼斯商人》进行了首次莎士比亚戏剧公演，引起了众多文艺青年争相观看。当时，已经十分迷人的黄浦江畔，自然又平添了几分亮彩。而沉积在如此亮彩之中的，就有夏梦的影子。

夏梦喜看莎士比亚，因为莎士比亚笔下的爱情故事不再是传统中国文学里常见的"才子佳人后花园"的套路，而是洋溢着浪漫气息的异域风情。一段段或喜或悲的故事在巨匠的笔下流淌，引得夏梦深陷其中不能自拔，凡是莎士比亚的作品，她都一一仔细地研究过，当真应了那句话——"少女情怀总是诗"。

当然，风靡一时的莎士比亚戏剧也为夏梦日后的演艺修养打下扎实的基础。

除了莎士比亚之外，夏梦最喜欢的话剧就是1942年间在上海金都大戏院公演的《甜姐儿》。夏梦喜欢黄宗英在舞台上俏丽的模样，甚至连黄宗英表演时所穿的戏服都令夏梦羡慕不已。当年，凭借《甜姐儿》一部话剧在上海戏剧圈站稳脚跟的黄宗英是小夏梦女神级的偶像。多年之后，成名的夏梦第一次去北京参加颁奖典礼时，恰巧与黄宗英同台领奖。看着昔日崇拜的偶像站在自己身旁，夏梦激动不已，尽管自己那时也是红极一时的大明星，但她还是像当年一样，用小影迷的心态开心地与黄宗英话起看话剧时的心情。

如今，曾经的上海中西女中变成了现在的上海市第三女子中学，坐落于上海市江苏路 155 号原中西女中校园，学校的多数建筑还是保有半个多世纪之前的原貌。当年夏梦和同学们演出的礼堂还是哥特式美国学院风格，礼堂内装有豪华吊灯，正前方为舞台，礼堂两侧均为尖券式彩色玻璃窗。夏梦在这舞台中央反串孙中山的精彩演出似乎只是昨天而已，可现在，年幼的夏梦已经成为影坛一大传奇，与宋庆龄、宋美龄等风云学姐们一样，成为一代又一代中西女中学子口中经久不衰的传奇。

上海人家，传来京腔雅韵

"怪不得儿夫他不回转，就被她缠住了一十八年。宝钏若是男儿汉，我也到她国住几年。我本当不把礼来见，她道我王氏宝钏礼不端。"1945年，上海中西女中的礼堂舞台上，一抹颀长的身段翻转云袖，悲苦流连的唱腔唱尽王宝钏苦守寒窑18年的辛酸泪。

聚光灯下，青衣扮相的"王宝钏"便是年仅12岁的夏梦。

12岁的夏梦已经出落成亭亭玉立的模样，她口中唱的《大登殿》是传统京剧《红鬃烈马》中的一折，表现的是薛平贵得到代战公主的援助，攻破长安，拿获王允、魏虎，自立为帝，坐上龙位，封官授爵，清算余孽的情景。尽管年幼的她已经能把这出《大登殿》唱得满宫满调，唱尽了其中的悲与苦、喜与乐，但谁也未曾想到，多年之后，如此曼妙身姿竟会成为一代巨星，甚至把戏曲唱上了大银幕。

夏梦的祖父杨叔鼎酷爱京剧，特地在家里购置收音机，以便逢戏必听。家里的年幼孩童常常被祖父母使唤调拨收音频道，也日渐听出些滋味。

上海是各种戏剧五方杂处的城市，可道地的上海人最爱听的还是京剧。作为国粹的京剧在上海有成千上万的热心观众，甚至"京剧"一词的最早文字记载还出现在上海的报纸上。原来，清光绪二年的二月初七，即公元1876年3月2日，上海门户报纸《申报》的一篇文章里就提到，"京剧最重老生各部必有能唱之老生一二人始能成班俗呼为台柱子"。这是"京剧"这个专有名词第一次登台亮相，在此之前则是称为"平剧"。

在戏曲圈里，那些对京剧痴迷到看了戏还不安分，也想登台亮亮嗓子、伸伸拳脚，就是传说中的"票友"。有了票友，也就产生了票友聚会、研讨的场所，这就是所谓的"票房"。这是戏迷自发组织的活动场所，可以和心仪的演员沟通、探讨；

也可以自娱自乐，或清唱，或彩唱，过过戏瘾。

请人看京戏是老上海招待贵客之道，因此杨家在剧场有常年包座，花园洋房里也时常有名角儿做客登台。

杨叔鼎的四个女儿都是资深票友，爱听戏，更爱唱戏，著名的京剧艺术家程砚秋还是她们的戏曲老师。

说起程砚秋，那可是响当当的名角。满洲正黄旗出身的程砚秋家道中落，11岁登台演出，以其超凡的文武之功，唱、念、做、打崭露头角，行内外耳目一新。变声后，得到诗人罗瘿公的帮助，又拜梅兰芳为师，逐渐根据自己独有的嗓音特点，创造出了一种幽咽婉转、若断若续的唱腔风格，形成独有的特点，人称"程派"，被评选为"四大名旦"之一。

在当时，梨园里有句流行的话——"北京成名，上海赚钱"。在一般人眼里，京角如果不走红上海滩，就是没有真正征服市场。所以，作为现代京剧的代表，梅兰芳、尚小云、荀慧生都从崭露头角的初期，甚至童伶时代就闯荡上海滩。程砚秋赴沪时，与前三大名旦的初出茅庐不同，在剧界已经很有声誉了。他第一天开唱《玉堂春》时，就有人记下当时的盛况："上座十足，楼上楼下无一点座……阔人及女眷极多，出台时彩声如雷，为向所未有。一连12天，亦舞台接连爆满。"20世纪40年代，程砚秋于上海黄金大戏院首演《锁麟囊》，连演十场满堂，再一次红遍上海滩。而这曲《锁麟囊》成了夏梦最得程派精髓的剧目，多次在公共义演的场合演唱，引得听众们连连叫好。

如此的京剧大咖竟是杨家的常客，还亲自指导杨家四位小姐京剧唱段，可见杨家在京剧圈里的名望和待客之道，称得上是超级票友了，而其中一位女儿还嫁给了著名杨派须生汪正华。

在程先生指导下，杨家四姐妹合演过《十五花洞》。程砚秋手把手教戏的时候，年纪尚小的夏梦和杨洁就在一旁围观，久而久之就看出点味道来。所以，在杨家来来往往的京剧圈名家里，杨洁印象最深的就是程砚秋，倒不是因为对他的唱腔有多痴迷，而是因为程砚秋非常胖，但是很窄的地方一提气就过去了，那时小杨洁就觉得这个胖子很好玩。不过好玩归好玩，杨洁却没和程砚秋学上两口，倒是夏梦为程腔迷倒。

年幼时的戏曲熏陶在夏梦心底埋下了艺术的种子，程派恰如霜天白菊的典雅娴静似是她的表演启蒙。乃至后来为导演江平庆生时，唱了一段《锁麟囊》助兴，引得全场惊诧，原是程派韵味十足，皆曰是"砚秋先生"再现。

没有影像记录，如何惊诧不得而知。不过肖想一番，必知其美轮美奂，毕竟这曲《锁麟囊》是夏梦的看家好戏——"怕流水年华春去渺，一样心情别样娇。不是我无故寻烦恼，如意珠儿手未操。"娇滴滴的可人儿出嫁前挑选嫁妆的媚态似乎就该是夏梦巧笑颜兮的模样。而这曲《锁麟囊》后来登上了1998年春中央电视台戏曲春节晚会，成为夏梦及其影迷们毕生难忘的一次演出。

成名之后的夏梦，仍然不吝展示她戏迷世家大小姐的风范。她在香港的住处成了电影圈京剧票友的聚集地，舒适、刘琼、朱石麟、李萍倩等著名影人导演均榜上有名。而马连良、李慕良、张君秋等京剧名家也常常登门相访，和杨家成为莫逆之交。

当然，有时技痒难耐也会露一手。1951年9月的留港影人联欢晚会，夏梦出演《红鸾禧》；1953年12月31日，在"长城"、"凤凰"、"龙马"、"新世纪"、"艺文"等进步电影公司迎新会上，夏梦出演《渔父恨》。直到1954年2月17日的香港娱乐戏院石硖尾大火赈灾义演，夏梦则化身金玉奴，以《红鸾禧》赢得满堂喝彩，这也是夏梦生平第一次公开演出京剧。

从小就练就京剧底蕴倒是给成名后的夏梦拓宽了戏路。在那个年代的国语电影界，几乎每个电影明星都演过古装戏。但是，以电影明星的身份演出戏剧电影在当年就只有长城公司尝试过。

当时的香港和东南亚，因为《天仙配》受欢迎的缘故，李翰祥受到启发，就以黄梅调戏曲音乐风格，找来时代金曲让歌星配唱，以当时古装剧情电影的表演程式，开创了"黄梅调"式的音乐歌唱片，使邵氏公司在台湾和东南亚市场上获得了成功。而对市场同样有着吸引力的越剧，在香港电影界，则暂时还没有成功的试验。有戏曲功底的夏梦就成了公司重点培养对象。一连主演了四部越剧艺术电影，成就了她艺术生涯上一段让人难忘的经历。

为了演好越剧电影，夏梦下足够了功夫，甚至多次到上海越剧院进修学习，学习时所遵循的标准完全是专业戏曲工作者的要求，十分严格，包括每天压腿、下腰、一字马等，因为剧情需要还要多练一项翎子功，经常在排练场上舞动着两根盔头上长长的雉翎，以求掌握"耍翎子"的要诀。

但是，在戏曲学院练基本功的学生都是从娃娃抓起的，到了夏梦这儿可是"超龄人士"，此刻以这种"地狱式训练"的强度来进行戏曲基本功训练确实有些吃不消。据当时一起训练的女演员李嫱回忆："当时练习到什么程度呢？练到我们回到旅馆的时候，往往啊，一回来两个人梳洗一下，就这么往床上躺着，我们两个人只要一翻身，面对面一看着彼此，两人就两眼湿润地苦笑，这腿也疼，腰也疼……这里头呢，也不完全是痛苦，而是一种怎么说呢，就付出辛劳以后，大家也有点满足，但也有体力透支的疲惫，身子疼痛。"

后来，上海越剧团到香港公演，在一个月的时间里，剧团名角们将《西游记》、《红楼梦》、《碧玉簪》、《金山战鼓》等大戏和《盘夫》、《打金枝》、《断桥》、《拾玉镯》、《评雪辨踪》等经典剧目轮番演了一遍，场场满座，更有来自东南亚、加拿大、南美等国家地区的华侨华人，特意拨冗赶来香港看戏，盛况空前。夏梦也是场场必看，不仅仅是欣赏演出，更是抓住机会默默学习，吸取艺术营养。

后来，夏梦等人再三表达了希望越剧团能在香港举办戏曲表演学习班的愿望。正是这份精神和诚意，感动了越剧团。于是在百忙之中，袁雪芬安排越剧团多位艺术家和青年演员们，在九龙德成街影人俱乐部，负责指导参加培训班的演员们，夏梦的青衣、花旦的台步和扇子功就是在这段时间学会的。

除了越剧电影，夏梦还对其他剧种兴趣颇浓。例如她曾把莆仙戏的剧本改成电影《同命鸳鸯》。夏梦在内地演出时，看了莆仙戏《团圆之后》很震撼，一环扣一环，两代人为维护封建传统，付出了惨重的代价。她很喜欢这个戏，把剧本带回来给朱石麟，由他编导。《同命鸳鸯》如今已经是香港电影史上公认的悲剧经典，2002年香港影评学会的"经典200——最佳华语电影二百部"、2010年电影双周刊评选的"世纪100部香港最佳电影"，还有2011年香港电影资料馆的"百部不可不看的香港电影"，《同命鸳鸯》均榜上有名。

隐退之后的晚年夏梦十足低调，把全副心思放在京剧上，经常是往返北京交流学习，潜心钻研，并和弟弟在香港组织了票房。1998年春中央电视台戏曲春节晚会，是夏梦毕生难忘的一次演出。她演出《锁麟囊》，舞台上的薛湘灵不仅扮相明艳，更把程派《锁麟囊》名段《春秋亭外风雨骤》的含蓄之美演绎得深情典雅，那是正宗的程派韵味。

其实，杨家的后辈里，何止夏梦一个戏迷。她那一代的杨家后生全都是京剧发烧友，唱念做打均不在话下。大姐夏梦拉二胡、二姐杨洁操京胡、三弟杨铭新弹月琴，随即便可组成一个小梨园。夏梦的母亲葛璐茜还笑话他们姐弟三人，上街要饭都不用找帮手了。

或许还是性格因素，与姐姐甚喜程派唱腔不同，杨洁不喜蛾眉粉黛，却独爱老生的古韵苍凉。这位篮球健将出身的杨家二小姐唱起戏来，倒也符合自己的性情，她的京剧票友们称之"为人宽厚，而嗓亦宽厚，合中正之规，故相帮者众也"，她第一段学的就是老生戏《乌盆记》。这是古典名著《三侠五义》第五回乌盆诉苦别古鸣冤的片段，主要讲述包公到定义县赴任破获的一起贪财行凶命案。其被后人演绎成经典京剧剧目，系老生传统戏，剧中的张别古是一个替冤屈者鸣不平的小人物，角色身上有很多可笑、可气、可爱的地方，每句台词都凝聚着一个古稀老人的人生经验和生活哲理。从《乌盆记》开始，杨洁就一发不可收拾，挂上髯口自如地演起老生，因为身高优势，尤其适合蟒袍玉带地扮演帝王将相，气度非凡。

一开始，杨洁跟着姑父汪正华学习基本功。20世纪50年代，汪正华在香港拜马连良为师，还与杨宝森同台演出，配演《珠帘寨》中的程敬思，《四郎探母》中的杨六郎，《搜孤救孤》中的公孙杵臼等，深得杨宝森称赞，此后悉心钻研杨派艺术。不仅在演唱杨派名剧时要严格按杨宝森的路子演唱，而且在新编剧目的演出中，也明显体现出杨派风范。

再说杨家的小儿子杨铭新，月琴和胡琴更是了得，在香港已是著名的琴票。

与杨家其他兄弟姐妹好动活泼不同，最小的杨铭新从小就是个病秧子。未上小学之前，他就患上了骨结核，躺在床上不能起来。医生还告知杨家人，说这孩子恐怕活不了多长时间了！没想到，杨铭新竟然坚强地活下去了，在他同疾病抗争的时候，京剧唱腔成了他忠实的伴侣。他和二姐杨洁买了京胡和三弦，常常聚在一起互相切磋，自得其乐。

后来到了香港，正值马连良、俞振飞、张君秋、杨宝森等先后在港演出，杨家三姐弟就成了这些演员的基本观众。与夏梦热衷程派、杨洁追随杨派不同，杨铭新则成了京胡艺术家李慕良的崇拜者。

后来，杨家人分居各地，夏梦辗转香港和加拿大两地，甚至一度与身处北京的杨洁一家完全断了音讯往来。到了1978年，中国女篮到马来西亚参加亚洲篮球锦标赛，路过香港，一家人终于得以团聚，不过这相聚的时间极其短暂，仅有六个小时。有意思的是，这戏迷之家汇聚一堂果然不同凡响。在短短六小时的宝贵时间里，杨铭新操起胡琴就要给姐姐吊上一段，因为十年动乱，身处内地的杨洁已经与传统戏曲隔绝了好长时间，一时张不开口，谁知一旁的亲友便兴致勃勃地接连唱了起来。这一下子就把杨洁的戏瘾勾起来了。回北京后，夏梦和杨铭新不断地寄京剧录音给杨洁，让她大饱耳福。

20世纪80年代初，息影多年的夏梦重返电影圈，开始忙碌的制片人生涯，反倒是杨铭新开始频繁与内地京剧圈往来交流。从 1979 年，杨铭新首次回上海开始，他们的京剧业余活动越搞越热乎，后来不仅是上海，连同北京的京剧圈也日益往来，常常以唱会友，各显身手。到最后，北京、上海、香港三地联合，差不多每年都要举行一次香港同内地的专业、业余戏曲演员的联欢活动，杨铭新总是承担起接待的工作，后来又加入台湾京剧圈的朋友，于是海峡两岸京剧演员的手足之情交融到欢快的吹、拉、弹、唱的乐曲中，气氛炽热。

到了 20 世纪 80 年代末，在香港的夏梦也加入到弟弟、妹妹组织的票友会中。杨家三姐弟仿佛回到幼时沉浸在戏迷之家的狂热中，全副心思放在京剧上，经常是往返北京交流学习，潜心钻研，想来倒也是对戏迷杨家的传承。不过，随着弟弟杨铭新、爱人林葆诚相继病故，夏梦近年已经不怎么再唱京剧了。

如今，夏梦并不太出门，平素喜欢在家看看碟片，却熟悉大陆的戏曲演员，比如张火丁："张火丁现在很红哦。我看过她的戏。"她口中的张火丁是著名"70 后"京剧青衣。

第二章
南来·
春风十里香江水

娉娉婷婷十三余

幼年长成，一路风和日丽。豆蔻之际，才寻得人间苦闷，于国、于家。愈逼愈近的战火四处蔓延，好在大家族的三重门勉强可以遮风挡雨。可三重门以内，年轻貌美的母亲不告而别，在稚嫩的心里埋下芥蒂。只在抵达迢迢之外的香江水岸，才重见十里春风。

夏梦的13岁，娉娉婷婷，却闹闹腾腾。

自夏梦出生以来的上海，一直处于不平乱世。1947年，年仅13岁的夏梦随着家人乘飞机来到季羡林笔下的这片人丁兴旺的文化沙漠。在此之前，她父母亲的关系已经很僵，因为埋怨先生事务繁忙，没有时间关心自己，夏梦的母亲索性一走了之。郁闷到无以复加的夏梦初到香港，经历的却是和上海迥异的一番景象：言语不通、水土不服，连很多常见的蔬菜都没有得买。

唯一让人稍稍宽心的就是那栋要长久居住的宅院。搬到香港后，夏梦一家迁入位于九龙城嘉林边道中间的一栋双层洋房。庭院深深深几许，树木繁茂，绿草如茵，相较于上海大华路上的花园洋房，不变的是院子里立着的篮球架，那可是杨家将们大显身手的地方。

在当年记者笔下，嘉林边道是闹中取静的豪宅地带——"九龙嘉林边道，地稍僻静，然心厌尘世者居之，亦可以舒其忧郁，故豪华者辄挟重资，建屋于斯。入夜以后，楼台灯火，嘹亮笙歌，在足使寒素之士，望门兴叹，徘徊不忍隐离去。"

在这段时间，有几家"国语"电影公司在香港相继成立。1946年，蒋伯英成立了大中华影业公司，开始进行有规模的"国语片"制作。至今为人熟知的名作有金嗓子周璇的《歌女之歌》《长相思》《花外流莺》等。1947年，李祖永建立了实力雄厚的永华影业公司，号称拥有当时亚洲最精良的技术装备，并礼聘中国电影界顶尖的导演和演员，包括大导演朱石麟、李萍倩和卜万苍，声势浩大，摄制了巨作《国魂》《清宫秘史》《春雷》等。

在此之前，由于香港是粤语社会，所以电影大都是以粤语为对白，此间的粤语电影制片机构达五十多家，促进了香港粤语电影的发展和繁荣。1933年，香港开始有粤语片的生产，当年的产量只有三部，1934年产量是六部，这两年只能算是粤语片的萌芽时期。从1935年开始，香港粤语片的产量，一年多过一年，到1939年已经超过100部。1935年至1937年是香港的粤语片的繁荣时期，这三年香港生产的有声电影都是粤语片。从20世纪40年代开始，香港才又多了一种有声电影——国语片。从此，香港电影进入了粤语片和国语片共存的时期。

尽管大陆的资本和文化大批量地转移香港，可当时的香港依旧非今日能比。季羡林先生的散文里曾经描绘过20世纪40年代中叶的香港图景：

"那时的香港颇有点土气，没有一点文化的气息，找一个书店都异常困难。走在那几条大街上，街上的行人摩肩接踵，熙熙攘攘。头顶上那些鸽子窝似的房子中闹声极大，打麻将洗牌之声，有如悬河泻水，雷鸣般地倾泻下来；又像是暴风骤雨，扫过辽阔的大原。让我感觉到，自己确确实实是在人间，不容有任何幻想。在当时的香港这个人间里，自然景观，除了海景和夜景以外，几乎没有什么可看的。因为是山城，同重庆一样，一到夜里，万灯齐明，高高低低，上上下下，或大或小，或圆或方，有如天上的星星，并辉争光，使人们觉得，这样一个人间还是蛮可爱的。"

渐渐地，失意少女的心在新家得到治愈。夏梦好静，不上学的时候，一般都喜欢窝在家里看书，翻翻影集。相反，活泼好动的妹妹杨洁则热衷于篮球，私人的小篮球场，就是她最好的锻炼场所。

在香港安顿后，杨家姐妹俩先后报考培道和玛利诺修院学校，都顺利被录取。经过考量后，两姐妹选择进入玛利诺修院学校继续求学。

玛利诺修院学校由天主教玛利诺女修会创办，建于1925年，原位于九龙城太子道，后迁至九龙塘河东道5号，是香港著名的女子学校，也是香港教统局114间英文中学之一。玛利诺修院学校培养出许多名人，仅演艺界就有陈慧娴、关之琳、李嘉欣、萱萱、梁咏琪等明星。

时至今日，学校仿中世纪学院的主体格局，都保存得十分完好，一如昔日，学校建筑根据香港《古物及古迹条例》被列为法定古迹。1937年落成的校舍中，以一色红砖构筑，其设计艺术，恰如其分地融合了多种不同的风格，有装饰派艺术、新乔治亚风格和歌德复兴式等，中世纪修道院式的列柱回廊围绕露天中庭，礼堂内罗马式的拱顶天花、面向界限街的麻石阶梯、尖拱门、四坡或斜折线形屋顶和建筑物正面的塔楼，都展示着这所名校的古老风韵。

夏梦在香港的第一次正式登台，就是在玛利诺修院学校。这次是出演改编自萧伯纳的英文舞台剧《圣女贞德》，地点就在玛利诺修院学校的礼堂。

1949年的12月24日，圣诞前夕，玛利诺修院学校举行了年度家长会，夏梦被校长指派主演英文舞台剧《圣女贞德》，以此作为家长会的主要节目。但一开始，夏梦是拒绝的，因为这出戏并不好演。

出演这部舞台剧的夏梦按要求要全程英语对白，而且要反串男生。再加之，尽管只是中学的家长会汇演，但是出席这次演出的有来自教育界、戏剧界、新闻界的各方人士，还有时任港督的葛量洪夫妇，阵仗不小。

因为担心自己演不好，夏梦向校长请辞，可校长正是看中了夏梦姣好的脸庞和颀长的身材，视之为"不二人选"，哪里肯答应？无奈之下，夏梦只有硬着头皮接下任务，她拿剧本回家练台词，背熟了再研究语气，常常废寝忘食。父亲看她如此认真刻苦，便特地请一位戏剧界的知名人士来指点她表演的技巧。

正式上演那天，夏梦的心情紧张到了极点。负责舞台的同学在喊预备倒计时了，她正在化装，连服装都还没换，急得粉往脸上乱擦一下就跑进更衣间。说起这件即将上台的"战衣"，可是大有来头。那是夏梦自己亲手制作的，她用雪纸来代替盔甲，在灯光下能闪闪发光，像极了战场上威风凛凛的战甲。但是真的演出时就不能那么"威风"了，毕竟是纸制的衣服，不能用力碰，不然就全都完了。

未出场之前，站在幕后等待的那一刻最紧张。一颗心，好像要从嘴里跳出来似的。幕开，有人往夏梦背后一推，她迷迷糊糊地走出舞台，台下如雷鸣的掌声把她从晕迷状态中叫醒过来。一开口念出习练了千百遍的台词后就没有那么紧张了，她越演心也越定。

别看在台上游刃有余，下了台后，夏梦才想起后怕，看到来后台看望她的杨洁，开口便问："演出糟到什么程度？"听到妹妹说演出效果很好，观众都称赞她人又漂亮，演得又好，是个可造之才后，夏梦那颗悬着的心终于落地了。

今晚，闯"长城"

1949年圣诞夜，夏梦初登玛利诺修院学校礼堂的惊鸿一瞥给现场观众留下了深刻印象，也在她的心底存了一个念想。

哪个少女不对未来充满期待？哪个少女不艳羡镁光灯聚焦的舞台？

可当时年纪尚浅的夏梦并不十分清楚这份渴望，只知心头缠绕着莫名的寂寥。

1950年的夏日午后，夏梦照例从学校步行回家。这段不长的回家路她一天得来回走上两次。清晨，上课时间将至，学生家长不苟言笑、步履匆匆，偶尔蹦出几句埋怨起晚的嘀咕声。到了放学的时候，孩子们走出校门便像开了笼子的小鸟，从拘谨中解放出来，一片叽叽喳喳的笑语，散发在这段清静的路上。而夏梦，常常化为欢腾人群旁的一处静景。她很喜欢这条路，这里的一草一木、一道墙、一块石头她都如数家珍，因为她总在这派热闹中单独静静地走回家去。学校生活、课本、教师们严肃的脸孔，教学的时间，顽皮的笑声，马路与车辆、夕阳、树木、远远的山……一幕幕好似走马灯在脑海中浮现。忽然，她想到了"人生"这两个字，毫无由来的、缥缈寂寞。

踏入家门，楼上传来的是爸爸和朋友谈天之声，身旁的妹妹拉着她的流水倒板，窗外却是已凋零的小花。走到园里，在一张篱椅里坐下，她想看看晚报，也想温习一下明天要背诵的课本。可是，又放下了。

看着沉着脸不理人的姐姐，杨洁想安慰来着，没说上几句话，就被姐姐拉着出门散步去了。

这个夏夜，沿着九龙城附近的嘉林边道往北走，途经侯王庙，倒有一点郊野情趣，路的尽头处，是一片高坡，在那里站住，从高坡上望到一边，一道灰色的墙里灯光辉煌，非常热闹。

而这热闹的所在便是"长城"——长城电影公司。

新中国成立前后,内地和香港电影界互动较多,战后抱着不同目的"南下"香港的内地影人以及部分香港本土影人分批次回到了内地,成为新中国电影事业发展主体的重要组成部分。同时,还有较多的"南下"香港的内地影人留在了香港。张善琨、袁仰安等人于1948年在香港组建了以拍摄国语片为主的长城影业公司。

1949年,中华人民共和国成立后,香港电影同内地电影走上了截然不同的发展道路,在政治见解、运营机制、人才格局以及出品的类型等方面都产生了巨大的差异。这一时期,华资的积累,及内地一些城市私人资本转移到港,奠定了香港制造业的基础,促使香港由转口贸易港向加工贸易型的工业城市转化。

经济的繁荣促进了电影的繁荣,香港的电影创作出现了朝气蓬勃的新局面。当时香港电影最大的海外市场新加坡和马来西亚的两大电影发行机构国泰和邵氏,都投资香港,与香港本土的长城公司鼎足而立，形成港地最大的三家电影制片机构。此外，还有数百家中、小型的制片公司。由于香港特殊的殖民地政治环境、资本主义经济体制以及东西方兼并的文化氛围，使得香港电影走上一条复杂道路。同内地不同的是香港非常明晰的娱乐电影观，在娱乐电影观的促动下，香港的电影工业迅速崛起，很快就成为了中国商业电影的制作中心。

到了1950年，由张善琨和袁仰安共同成立的长城公司由于财务失控以及人事上的矛盾更日见尖锐化，张善琨退出长城、公司改组，名称改为长城电影制片有限公司。改组后的公司仍由袁仰安出任总经理之职，拉上香港《大公报》的经理费彝民参佐戎机，得到以航运业起家的吕建康全力支持，又罗致司马文森为挑选剧本的顾问，也就是说，打从开始，新长城的左派背景已很清晰。

无论是新长城还是旧长城，在夏梦那里，"长城"这名字可谓是如雷贯耳，可惜的是从来没有走进过它的大门。那晚，竟萌生了要进去看看的念头，看看电影摄制时是怎么一个情形。

杨洁知道了姐姐的心思，便跳跳蹦蹦地挽着她，走到"长城"片场的门口。从门口向里面窥望，灯光下面，尽是黑压压的人头。正要进门的时候，她们却被守门保安拦住，指指门口"谢绝参观"的告示牌。

夏梦和杨洁只好失望地退出来，可还恋恋不舍地向里面张望，似乎还想趁这位守门保安走开时，偷偷溜进去。就在这偷偷摸摸、鬼鬼祟祟的节骨眼儿上，有个小姑娘叫住了夏梦。

原来是学校里低年级的学妹，尽管夏梦不认识她，可因为夏梦在学校里经常参加许多剧团活动，学妹一眼就认出了这个大名鼎鼎的学姐。还没来得及问学妹名字，小姑娘就笑着问两姐妹，如果想进长城片场的话，她可以带路。杨洁一听已经高兴得几乎跳起来，连声同这小学妹道谢，拉了夏梦，直闯"长城"。却不承想此后的岁月，夏梦之名与"长城"之荣辱兴衰紧密相连。

这个领着夏梦走进"长城"大门的小姑娘叫袁经绵，乳名和艺名都是毛妹，她的父亲是著名导演、影视制片人袁仰安，正是长城电影公司的老板。

20世纪20年代末至40年代，袁仰安在上海开设律师事务所，承办不少名案，并深得工商界人士信任，被聘为常年法律顾问，而且还热心援助穷人解决民事及刑事诉讼。30年代初，他任上海良友图书出版公司董事长，出版《良友丛刊》、《良友画刊》和《中国风貌》画册。1947年，袁仰安举家迁居香港，接办濒于倒闭的长城电影制片厂，成立长城电影制片有限公司，任总经理、导演，废除许多旧电影界不良习俗，提拔新秀担任编剧、导演，并致力培养新一代演员。他导演过《阿Q正传》、《绝代佳人》、《迷人的假期》、《渔光恋》等多部电影，其中《阿Q正传》荣获瑞士罗加诺国际电影节银帆奖，创办了东南亚最早的电影月刊《长城画报》，为推广国语电影颇有贡献。

夏梦与这位电影界巨擘的初次见面就在这充满人间烟火的"长城"摄影棚。那里有演员、导演、有形形色色的工作人员，还有一个人手上拿了一块黑木板，板上用粉笔写着"说谎世界，第十二场，第五"等白字。

这部正在紧张拍摄的《说谎世界》，是长城电影公司重组之后的第一部作品，由吴铁翼同名小说改编，根据战后的上海物价飞涨，人心不古的现实状况，演绎了一个大老板图谋小职员的积蓄，小人物诈骗大老板不义财的人骗人的故事，既凸现出深刻的社会写实意味，又具有辛辣嘲讽的都市庶民喜剧特色。这部1950年完成的讽刺喜剧打响了新长城的第一炮，也是当时正红的"小咪姐"李丽华的代表作。

后来，夏梦才知道，这块小黑板是"拍板"的板，是每一个镜头前面的标记。而当时，她和妹妹只知道痴痴地看着摄影机前李丽华的一颦一笑，非常入神，连身边站着个人都没发觉，直到毛妹轻拉她的衣袖，她才恋恋不舍地回过头来，只看见一位戴着眼镜、文质彬彬的先生，这人便是袁仰安。

袁仰安对夏梦笑了笑，开口便问："你会说国语吗？"夏梦腼腆地点点头，心里却在笑眼前的这位先生，因为他问这句话时自己打着的蓝青官话，一听就听出宁波味儿的普通话，倒还问她会不会国语。

从"长城"摄影棚出来，夏梦脑海中还是挥不去那派五光十色的热闹，和妹妹提起这一夜的所见所感以及毛妹的父亲。杨洁突然一个激灵，握着姐姐的手，兴奋地问："那位先生会不会要找你去拍戏？让你当电影演员？"

电影演员？

夏梦默默地念叨着这四个字，感觉既向往，又陌生。在她看来，拍电影得有许许多多条件，可自己一样都不会，况且她并不知道那位先生是谁，那位先生也肯定不知道她是什么样的人，天下没有这样的奇迹！这样的奇迹只有电影公司的宣传者才会编造，故意用来吸引观众的兴趣。她只是一个女学校的学生，第二天早上，照例上学，下午照例放学，照例走那熟悉的路，照例回家吃饭温课睡觉。

虽然心底告诉自己这真实的世界没有那种奇迹，可是自从参观了一次摄影场之后，夏梦对于电影的兴趣愈加浓烈了。平时在学校里，在家里，她并不是最爱看电影的那一个，也就是不能算作疯狂的"影迷"的。可自从看过摄影场上的情形，她开始觉得，电影是一种使人兴奋的工作。

一个演员，在水银灯下表演，不是表演给在场的人看，而是把一个剧本活动起来，形象化起来，给千千万万观众去看，他的表演，将获得当时所意想不到的作用。这在夏梦看来，不仅有趣，更有另一种重大的意义。可是对于她这样一个整天在学校和家里两点一线往来的女学生而言，那晚闯"长城"的"大开眼界"毕竟是浅薄幼稚的"一己之见"，她还想见识更多。于是，除了电影比以前看得多了之外，夏梦还买了很多电影画报之类的，几乎全是外国的。同学们见到她都说她成了影迷，连父亲也奇怪她零用花销增加了许多。

在电影院里，看到银幕上的演出时，夏梦便设想摄制时的一切，然后再从杂志里去寻找这方面的知识，可是，购买的影视书籍里面更多的是对明星的个人宣传，很少有在艺术上的介绍与研究。所以，她只能浸沉在想象之中，把自己比拟为某一个影人："如果某一部影片的某一个角色由我来演的话，我应该怎样？"

在课堂里，在卧室里，夏梦一直做着这样的梦。1950年的整个夏天，夏梦一直沉溺在自己的梦里，总是想起到长城片场去参观的那一晚，想着在片场里遇到的那位先生若是找她拍电影，那不正是实现了她的梦想？可惜这两姐妹间的玩笑话，实在不敢幻想，奇迹会发生在自己身上。

有一天，夏梦正在校园里散步，一边思考着老师课堂上讲的数学习题。身旁有人唤了她一声，因为想得入神，夏梦没有留心有人走到身边，听到声音侧过脸去，才发现是一个小女孩，这不正是在长城片场门口遇到的学妹吗？

"我爸爸想找你谈谈，你什么时候有空去看他一次？"学妹问道。

"你爸爸？你爸爸要找我？"夏梦满脸疑惑。

夏梦顿时几乎说不出话来，她恨不得立刻奔去找妹妹，告诉她：奇迹降临了，长城电影公司来找我了。

她的心跳得厉害，想着难道真的要找她当演员？可兴奋劲一上来，她就又陷入了自我否定中。当演员在银幕上出现，他们用笑、哭、悲、喜向千千万万的观众传递情感，自己能做到吗？可她又迫不及待地想知道，于是她立刻和学妹约了时间，要到"长城"去见她的爸爸。

这一次走到长城大门口时，夏梦不再是鬼鬼祟祟的了，她对守门的保安说明了来意，保安很客气地带她进去，走上一条小小的木楼梯，走过一段走廊，走过一间大办公室，走进一间比较小的房间，那位说着宁波音蓝青官话的先生，站起来和夏梦打招呼。

"你是不是找我演戏？让我在银幕上出现？"夏梦真想这样问他，可是，她把话吞了下去，却也不知道该说些什么。袁仰安问了她的学历、志向、兴趣及生活情形等等，夏梦一一回答，每答一句话便对他看一眼。这一眼，便是一个问号，问他："你是不是要我演戏？"

可是，眼前这位袁先生没有回答急于要问而没有说出口的话，他这一次也没有问会不会讲"国语"，反倒问起她英语如何？夏梦不懂他是什么意思，袁仰安看着不像是兼做美国电影公司的代理人，应该不会替好莱坞来找演员的，怎么就问起英语水平了呢？

夏梦百思不得其解，不过还是如实回答，说曾经在学校演过英语话剧。于是，袁仰安随手在桌上拿了一本文稿递给她，原来是电影《说谎世界》对白的英文译本，长城要配制一部英语拷贝，想请夏梦配音。

听到这里，夏梦来不及考虑这个工作对她是不是合适，因为这是意料不到的事。她似乎看到自己上银幕的梦想破灭了，不是上银幕啊，是在银幕后头配音？不管多么接受不来，夏梦还是乖乖地把文稿的对白试念了一段。袁仰安听完后，说了一声"很好"，便从她手里拿回剧本的译稿，并在一本黑色的小记事册上写下了几个字，让夏梦留下地址，以便日后随时约谈。

夏梦写下地址便走了，没有问起别的什么。从长城电影公司出来，走在侯王庙前那条路上，她心里有一种说不出的感觉，突如其来的兴奋和预料之内的失望混杂在一起，混杂在渺茫的希望中，不知是喜是悲还是怅惘。那晚，她失眠了。国语、英语、演戏、银幕、配音、电影、艺术、命运、前途……这些关键词犹如夜空中的星星，在她眼前闪烁，心里乱得很，但辨不出是甜是辣，平静的生活中起了波浪。将睡未睡之际，她似乎给自己寻得了一个答案——大概因为自己长得太高，一米七的女孩子应该是不能当演员的。可是这世上有没有什么药吃了可以使人变矮？就像小时候读到过那篇童话里突然变得很小很小的爱丽丝……就这样，夏梦带着郁结进入神话似的梦境里了。

我是夏梦，仲夏夜之梦

翘首期盼了好一阵子，但是少女的梦似乎在此画上了句点。

给《说谎世界》英语配音的事没了下文，夏梦便回归平常的生活。照例每天经过那条熟悉的路，上学、回家，高兴地吃喝玩乐，偶尔一个人静坐，听到妹妹拉起胡琴来，依旧高高兴兴地哼上一段。可当妹妹提起要去"长城"看拍戏，夏梦就不愿意去了，那扇高高厚厚的"长城"大门上，映照着她心底的幻梦，怕是见了它要脸红。

那年暑假，夏梦整天沉浸在电影的世界里不可自拔，常常把所有电影院开映着的"国片"和西片都给看完了，便天天去海滨游泳，打发假日。夏天香港的太阳散发着恼人的炎热，一日到头好似无比漫长。那天，一切都和平常的日子一样，夏梦早上就去石澳游水，中午在帐篷里吃了带去的午餐，下午又在沙滩上睡了片刻，回家已经是近黄昏的时分。一到家便倒在床上休息，正想在晚饭前静静躺上一小时，女佣则告诉她有封长城电影公司送来的信。

长城电影公司送来的信！

夏梦一听，激动地从床上跳了起来，一把抢过信来，只见上面寥寥几笔，让她去趟长城电影公司，有事一谈。果真应了妹妹的吉言，谈的是准备上银幕的事儿。

这次"一谈"之后的三天，夏梦几乎完全在梦幻之中生活。长城电影公司负责人跟她约定试镜的时间，还介绍导演李萍倩和她会面。

当时的李萍倩已经是响当当的导演了。他出生于杭州书香世家，从24岁开始平均一年拍两三部电影，直到1965年在香港息影，一生拍片近200部，他还曾提携过初出茅庐的金庸，让他给自己的电影写剧本。

夏梦上小学的时候就已经听说过他的大名，此前在电影报刊上读过关于李萍倩的一段文字，说李萍倩导演工作时，严厉认真，并且脾气很坏，对于不称职的演员，常常是毫不留情地指摘，当他沉着脸严肃指挥工作时，使人凛然。

李萍倩一见夏梦，大概是没见过那么高的女演员，便昂着头打量她，夏梦只好故意借微笑，弯下了半截腰。

还没来得及纠结身高问题，夏梦就拿到了试镜的剧本，是几段简单的对白，写的是一个伏在沙发上的少妇对门外浴室中的丈夫说的一段话，中间有几句是回忆一些旧事，最后是到浴室门口去喊叫丈夫。

不过当时的她看着这几页纸，慌张、兴奋、焦灼、喜悦、忧虑全都涌上心头，脑子里非常零乱。为了演好这幕戏，她把十来句话背得滚瓜烂熟，还把自己揣摩而来的表情动作一遍又一遍地表演着。

真正试镜那天，就像是受审日来临一般。长城片厂厂长沈天荫将夏梦带进化妆室，自从化妆师给她涂上第一抹油彩开始，一股陌生感油然而生。眼前偌大的镜子里，她脸上的稚气一扫而空，化妆间里来来往往的人们都把眼光投射到她身上，令她十分不自在，身下坐的这把椅子就像是温度骤升的热锅，自己便是那上面的蚂蚁。

试镜的地点是当时正在开拍的《新红楼梦》中林黛玉的卧室布景，房间的正中是圆形的红色丝绒沙发，几十只水银灯从四面八方打过来，气势汹汹，惊心动魄。

李萍倩在夏梦身旁坐下，用长者和蔼可亲的语气让她不要慌，要沉着，全然没有电影杂志里说的严厉。他非常详细地把这一段戏的内容说给她听，教她怎样把握剧中人的情感。原来，李萍倩一向热心提拔新人，有许多位名演员，都是在他的指挥下试镜头的，十年前，李丽华也是他试镜头的。

夏梦要试的镜头并不复杂，剧中人是一个少妇，这一段话，是一个人伏在沙发上，对门外浴室中的丈夫说的。中间有几句是回忆一些旧事，最后，便是到浴室门口去喊叫丈夫。她按照排定的位置，往沙发上一坐，李萍倩便上前纠正了她的姿势，连手指怎样摆放都教。到这会儿，夏梦才知道原来演戏连坐都一点儿也不能马虎，或坐或站、或静或动都要切合剧中人的身份、情感、镜头画面、气氛情调。

随着李萍倩的一声"开麦拉"，一块黑色的木板"啪"的一声，全场瞬间寂静。"开麦拉"是英语 camera 的音译词语，意思是照相机，当时演戏现场，导演们都得喊上一句"开麦拉"，以表示开机。

在几十万瓦强烈的灯光下，只有夏梦一个人在说着情话，演着戏，背诵得烂熟的台词，不知不觉地脱口而出。试演了一遍，两遍，三遍……终于李导演说："行了。"接着，夏梦又试了另外三个镜头。

试镜的成品第二天便在"长城"放映室放映。夏梦早早地守在放映室里，抱着一颗紧张万分的心等着大众点评。看着银幕上出现的倩影，她简直不相信那就是自己，好像连声音也变了，一下午拍的戏不到两分钟就放映完了。观众席上的夏梦直怪自己演出那么一个"怪样子"，对白又说得那么快，正想把银幕上的影子留住多一些时间细细端详，却已经没有了。灯再亮的时候，她偷偷看看袁、李两位先生的脸色，只看到袁先生微微一笑，李先生用力地吸了一口纸烟，都没有说一句话。

两天后，长城影视公司送来一张通知，约夏梦再去详谈。她想不到那几段别扭的表演居然得到长城公司的录取。会面时，袁仰安问夏梦对电影工作有没有决心，她毫不犹豫地点点头，并郑重地在合约书上签了字。她深知，从笔尖落下的这时起，她生命开始了新的一页。

新的一页就要有新的注脚，于是在夏去秋来之际，浪漫而有诗意的"夏梦"诞生了。关于艺名诞生，市面上流传着数个版本。

按照妹妹杨洁的说法，当初要取艺名时，姐妹两人因为喜爱莎士比亚戏剧，所以便拿着《莎士比亚戏剧集》找灵感。当看到《仲夏夜之梦》的标题，杨洁眼前一亮，拍手叫好，直称"夏梦"这个名字好！于是，一代电影明星就在一代女篮宿将的惊鸿一瞥下诞生了。

《信报》专栏作家沈鉴治的说法是，"夏梦"是其丈人袁仰安给起的。而据时任长城电影公司编导室主任的马国亮回忆，当年袁仰安请大家为一名叫"杨濛"的年轻女演员起个艺名，在场有人认为"濛"字缺乏吸引力，不如叫"杨梦"。马国亮灵机一动，想到了《仲夏夜之梦》，提议干脆叫夏梦，听上去更富情趣。"夏梦"这个艺名，除了灵感来自莎士比亚名著《仲夏夜之梦》之外，另一方面，是因为夏梦要保留"濛"字的字音。此外，夏梦的戏剧老师，正是上海著名话剧演员夏霞，艺名"夏"字也有着向老师夏霞致敬的含义。

无论如何，"夏梦"即将成为中国电影史上一个闪亮的名字。

对于袁仰安的知遇之恩，夏梦很是感怀。从1950年到1957年，夏梦在袁仰安的栽培下成为一代巨星。1957年末，袁仰安导演《阿Q正传》，由他任总经理的长城电影制片公司此时改组，因《阿Q正传》的争议和人事因素，影片尚未完成时，袁仰安便离开长城，并自立门户成立新新影业公司，以关山、女儿毛妹为公司基本演员，开拍创业作《迷人的假期》。

说起关山，可能大家还有些陌生，不过他的女儿就是家喻户晓的香港演员关之琳。在20世纪60年代和70年代的香港，关山的名号比现在的关之琳响多了。1954年，他考入长城电影公司演员训练班，四年后凭电影《阿Q正传》荣获"第十一届瑞士罗迦诺国际电影节"最佳男主角银帆奖，是香港首位拥有国际影帝头衔的男演员。1961年，关山加盟邵氏电影公司，同年同著名影星林黛合演文艺巨片《不了情》，其他还有《红伶泪》《烽火万里情》等，成为60年代最红的国语电影男演员之一，以演文艺片最为出色。

而袁仰安的女儿毛妹在当时也是红极一时的电影明星。13岁时已经去拍电影了，片名是《三恋》，讲三个不同年纪女性的恋爱故事，她演最年轻情窦初开那个，怎知第一部电影就蹿红了。袁仰安最擅长为明星改如诗似画的艺名，如夏梦、石慧、傅奇都是他改的，但他就偏偏没有为自己的女儿改个漂亮的名字，拍第一部电影时，他就向外宣传"毛妹"。那时候，夏梦和袁仰安家住对面，两家人十分熟识，毛妹甚至说从小到大，只有夏梦夸过她认真，因为是邻居的关系，只有夏梦看到她读书，所以特别清楚。

袁仰安从长城电影公司离职后，周康年出任总经理，长城电影公司也迈入另一个阶段。没过多久，袁仰安退出电影界，改营玩具工业。

谈及袁仰安时代的"长城"，夏梦说，和袁仰安签第一个"长城"合约时，他就说明她不用参加任何宴会、出席饭局，这点就让她感觉很好。后来的日子，一向重情重义、尊师重道的夏梦，依旧和袁仰安保持很好的关系，甚至在袁仰安脱离影坛后的日子，也始终如一。前"凤凰"导演、袁仰安的女婿沈鉴治曾经回忆道："她在电影圈中人缘最好，为人又重情义，例如对提拔她的袁仰安夫妇的感情四十多年如一日，是非常难得……后来也只有夏梦以父执礼相待之……"

第三章

初面·
朱门已识绮罗香

画报上的惊鸿一瞥

明眸皓齿，百花曳地裙，白衣袂袂素手绾青丝。在1950年11月出版的《长城画报》第三期封面上，经过一番细心化装和造型设计的夏梦化身妩媚少妇，第一次出现在影迷与读者眼前。

这是刚满18岁的夏梦，青春懵懂的脸庞还透着稚气，不过奢华的服饰和一丝不苟的发型衬托出她超越年龄的美丽。在长城电影公司的高层计划里，他们想塑造夏梦新嫁娘的银幕形象。尽管年岁尚小，不过夏梦那双好奇且多情的眼眸里，映照着她对全新领域的向往，正如刚出嫁的少妇，对婚姻生活充满了热烈的期盼。

1950年8月刚创刊的《长城画报》是香港左派电影工作

者开辟的一个新阵地,也是20世纪50年代香港左派电影批评最重要的期刊根据地。这本介绍最新电影及当红明星的杂志不仅是长城电影制片公司的官方刊物,而且是凤凰影业公司、新联影业公司等左派电影公司的宣传阵地,在当时居电影刊物销售之冠,尤其在东南亚一带的影响力很大,是研究香港电影史的必读物。

在这50年代的开篇,夏梦以新人之姿闯入公众的视野,而且是在热销的《长城画报》封面上,可见公司对她的重视程度。此前,她在电影界内部的首次亮相就是长城第二制片厂举行的留港电影工作者"十一"国庆庆祝晚会。那一夜,星光熠熠,庆祝晚会上,有小周璇之称的王丹凤、有创下当年最高票房卖座纪录的欧阳沙菲、有"剪刀西施"周曼华……一票银幕美女主持切蛋糕仪式,当时最当红的李丽华还清唱京剧《荒山泪》。

然而,众人的眼光都投射在初出茅庐的夏梦身上。蓬松卷发扎的小辫儿在脑后一甩一甩,白色花瓣领的西服短裙勾勒出撩人的身影。作为粉墨登台的新人,夏梦一派邻家少女的灵秀格外引人注目,相较于光彩照人的业内前辈们,她的身上多了青春洋溢的味道。在台上那对刻着"莫忘银幕前面千万观众个个眼睛雪亮"的一丈巨烛前，夏梦开嗓献唱，气韵流畅，底蕴深厚，以罕有的反串将一曲《钓金龟》唱得声情并茂。《钓金龟》是一出京剧传统剧目，是老旦与丑角合作戏，表达了中国孝文化。而美艳动人的夏梦，初登大舞台，一点也没有怯生生的模样，反倒是唱起丑角的戏码，实在让人眼前一亮。

此时的她，或许没有意识到她的人生将如这令人印象深刻的开嗓一般，在影坛上一鸣惊人。也不曾料想，假以时日便成了长城公司当家花旦，变身享誉中国内地、港澳及东南亚地区等海外华人世界的大明星。

20世纪50年代以后，香港电影逐渐走上了独立发展的道路，这时的香港电影，开始有了自己非常鲜明的特色。因为当年制作电影的导演大部分都是抗战结束后南迁来港的文化人，他们创作起点较高，多是以文学经典作品为切入点，不走市井路线，文艺气质很浓。

在这样的电影氛围下，夏梦的出现正好顺应了当时的主流。用现在流行的话讲，夏梦就是一出戏里的"大青衣"，是饰演大家闺秀的不二人选。外貌气质绝佳，家庭背景单纯，品行谦虚端正，文化素质较高……这些初闯电影圈的标签为她开了个好头，而她所在的长城电影公司则是香港左派进步电影的最早践行者。

在夏梦之前，长城电影公司所倚重的还是改组前便和公司签约的李丽华。李丽华出身梨园世家，父母都是著名的京剧名角，父亲是威震南北的著名小生李桂芳，而母亲则是专攻老旦的张少泉，因为在出生时只有四磅重，样子很像是一只瘦得可怜的小猫，而取名"小咪"。当时红遍半边天的小咪姐比夏梦大了近十岁，成名已久，她的样貌和演技毋庸置疑，但其人生阅历十分跌宕复杂，经常八卦绯闻缠身。

李丽华成名于"孤岛"时期的上海，在20世纪50年代的香港成就大明星地位，足迹遍及上海、香港、台湾，甚至美国。在三十余年的演艺生涯中，李丽华主演了约130部影片，她经历了中国电影发展的多个重要阶段，见证了时代转折背景下中国电影的分流与激变，被誉为中国影坛的"常青树"。

不过总是逃不出"人红是非多"的怪圈。

相比之下,夏梦就像是干干净净的一张白纸。她当时年纪尚小,又是书香门第出来的世家小姐,没有出格的绯闻,又因着性格比较内向自敛的关系,与大家都相处得很融洽。在家中,她是爱幻想的乖乖女,而在公众面前的她则是品行端正、性格随和的影坛新晋。就她个人的形象而言,是正面、健康、向上的。所以,影视评论家石川说:"夏梦是传统士大夫心中理想女性的化身,又是承载着上世纪三四十年代民国文人家国梦想的梦中情人。"毕竟,与当年影坛上一些比较西化的辣妹相比,夏梦则多少有些朴素保守。

在当年众多对夏梦的报道中,"谦虚"是她给媒体留下的最深印象。那时有一位署名"所罗门"的记者,原本是要去九龙塘采访李丽华和她丈夫严俊,结果盲打误撞走错了路,先撞进了九龙城嘉林边道夏梦的寓所。

应声开门的夏梦穿着一件绿色的短袖旗袍,皮肤留有太阳照射的棕色光辉,头发虽经烫过,但分明没有梳,在这位记者眼里,她就像个邻家女孩一般。面对不速之客,夏梦倒没有苛责之意，反而率直了当地与记者聊起家常来，说她搬来不久，房子的租金是每月300元。当这位记者直夸夏梦为报刊签名的字迹很好看时，夏梦直称"弗好，弗好！"上海的客气话脱口而出。

随后，等到这位记者再去采访李丽华时，虽然小咪姐待他也算得上热情体贴，但采访中还是受到一些"君子协定"的制约，让他"有口难言，有笔难写"。显然，刚出道的青涩新人夏梦比纵横银海多年、成熟圆滑的李丽华更让他由衷欣赏。

现在看来，夏梦的"谦虚"或许还带着点"诚惶诚恐"的意味，是面对生活中这新的一页所产生的莫名兴奋和焦虑。

"虽然幸运使我开始了艺术生活，公司方面更不惜牺牲，予我以一切学习机会，但我越是学习就越感到自己的不足。我好似跳了班次的学生一样，我随时在考查自己，我够吗？我跟得上这满棚的先进吗？我会不负人家对我的爱护提携吗？我会达到我自己的期望吗？这些都是我诚惶诚恐的原因。我期望一切爱护我的人都来教导我，指引我，批评我，不吝惜一点一滴，赐给我。"

确实如夏梦自己所言，她能够顺风顺水地走上明星之路，离不开长城电影公司对她的培养和包装，这是明星和电影制片厂相互成就、进而相互定义的明证。依托夏梦的相貌和气质，制片厂为其设计了一套妥帖的、带有商品属性的健康公众形象；而这种形象反过来，也影响到制片厂创作的思路，深化了长城公司在20世纪50年代香港影坛的文化定位和美学情调。

袁仰安对长城公司拟定的制作方针，决定了明星对于电影机构的核心价值，这在《长城画报》首刊号里他亲自撰写的《谈电影的创作》一文中已有清晰的展示。他要求长城公司的电影创作要有正确的立场和进步的内容和形式，但也并不否认影片的票房价值，提倡电影中的教育意义要与娱乐价值并重。要实现这个目标，长城公司一方面成立了编导委员会，由资深导演李萍倩带头主抓剧本创作；另外，就得依靠明星去传情达意，吸引观众走进影院。

要吸引观众，培养新鲜面孔必不可少。于是袁仰安把目光投向影坛新人，正如他在《银幕新人的唤召》一文中所指出的："制片者应该挖掘新人，培养新人，使国产电影有更强的活力有更丰富的成就，这个任务，到了现阶段，已是刻不容缓的了。"

而正值18岁青春年华的夏梦恰好出现在这"刻不容缓"时，她的美丽、端庄、气质、见识都为当时的影坛增添了一抹亮色，正如初登《长城画报》时，明眸皓齿的惊鸿一瞥，荡漾了万千影迷的心。

少女妆成新嫁娘

18 岁的少女，初次踏入花花绿绿的大千世界，惶恐和畏怯在所难免。而这时，更大的挑战却是要少女妆成新嫁娘。对夏梦这个刚进入电影圈的"小学徒"而言，她的职业第一课就是《禁婚记》，她的首个荧幕形象是位家庭、职场两头顾的新婚妻子。

《禁婚记》是一个小家庭的喜剧，反映了 20 世纪 50 年代，女性的求职、就业窘境。故事的男女主人公伍启文和杨霞芝是一对恩爱小夫妻。丈夫伍启文本来想买钻戒取悦妻子，但是却因为囊中羞涩而苦不堪言。无奈之下，他便向公司的总经理王尔思提出加薪，哪知这一举动惹怒了王尔思，结果加薪不成，反被开除。被公司开除的伍启文迟迟找不到工作，看在眼里、急在心里的杨霞芝背着丈夫也开始找工作，竟然很顺利地在广告公司觅得一职。

广告公司的许经理是一位能干女子，因丈夫不满她专注工作而离婚。她在为公司招人时，立下古怪条件：只聘用未婚女子。杨霞芝为了养家糊口，只好隐瞒已婚的身份，弄得两夫妇连假日上街也偷偷摸摸。伍启文转而当住家男人，并因此跟邻居交际花妲妮熟络，巧的是妲妮是王尔思的情妇。因为伍启文和妲妮往来频繁，杨霞芝误会丈夫与她搭上，一气之下跟许经理的儿子宋竹同来往。后来，杨霞芝怀孕了，许经理还以为是宋竹同的骨肉，就很开心地催促他们快快结婚。不过，宋竹同的父亲，也就是许经理的前夫担忧杨霞芝只顾工作不会持家，要到她家中实地观察。

这下子急坏了杨霞芝，她急忙将刚病倒的伍启文搬到妲妮家，这时妲妮和王尔思一起回家，正好又和王尔思太太碰上了，导致误会重重，啼笑皆非。最后，经过伍启文和杨霞芝的一番解释，众人误会冰释，许经理也意识到，其实女性可以兼顾事业与家庭，因而解除了公司的禁婚令。

整部电影从头到尾笑料百出，夏梦饰演杨霞芝一角，把刚入职场又两头兼顾的新婚妻子的形象表现了出来。而剧中男主角的扮演者，就是后来被称为中国喜剧大师的韩非。

早在夏梦到长城电影公司试镜的那个晚上，她和韩非就已经打过照面了。当时两人在片场外擦肩而过，韩非对他旁边的一位演员嘟囔着："这么高的人，谁能跟她一块儿演戏？"夏梦听到后，赶紧把脸旋转到另一边，匆匆地走了过去，还因为这句话紧张了好几天。直到后来，被录用的夏梦看到《禁婚记》的演员表时，一眼就瞅见和自己演对手戏的韩非的名字，不禁笑出声来。原来和高个儿夏梦搭戏的第一人便是韩非自己，他俩在银幕上出现的第一个镜头便是肩并肩站在一起！更绝的是，电影里面还有一场两人跳探戈舞的戏。因为韩非的个头比夏梦矮，他们跳探戈时画面不协调，韩非直怪夏梦长得太高，后来李萍倩让他穿上内增高。

当然，这个小插曲并没能缓解夏梦紧张的心情。当导演李萍倩嘱咐她仔细研究其中人物的性格与造型时，她竟有点无所适从。以前只是看别人演戏，肤浅地谈论着某部影片中某人如何如何，却从来没有进一步去思索一个剧本的意义，也从来没有分析剧中人的个性与心理发展。在她看来，这入门第一课是过分的繁重。她拎着剧本走在回家的路上，就像一个小学生忽然要去参加一个大学的考试，忐忑不安，一到家便把自己关在卧室里，想在短短几天之内，读通这艰难的一课。

为了要揣摩"杨霞芝"的角色，夏梦研究了整个剧本的题旨，每个人物的性格，以及整部戏情节发展的路线。在一天一夜的咬文嚼字之后，她又买了许多关于妇女问题的理论书来做参考。对于一个久居深闺的女高中生而言，小家庭的生活经验几乎为零，何况像夏梦这样的世家小姐，从来不管家务，谈何主妇的体会？

可离正式开拍也只有两三天了！为了演好这个角色，夏梦打算到尚未有小孩的小夫妻家串门，细细观察他们的生活情形。那对新婚夫妻是夏梦的远房亲戚，女主人和她丈夫一样，同在外面做事，每天上班以前和下班以后，才能料理家事。夏梦到他们家拜访的时候正好是星期天，是这一对小夫妻难得可以在一起出去玩一次的假期。但是，夏梦在他们家吃了午饭之后，为了要观察得更多一点，便坐着不走，尽量想出问题，来跟他们谈话。一直挨到了晚饭时间，这对小夫妻大概实在受不住了，便对她说："本来我们下午想出去看电影的，可是现在太晚了,并且我们明天一清早就要返工,末场戏是不去看的。"

逐客令当前,夏梦不得不结束她的观察之旅,不过这一天的体验倒是让她积累了一些心得,于是又根据这些心得赶开了几个夜车,反复练习了好几遍。而不安的心随着开拍日的临近而愈发躁动,在《禁婚记》开拍的当天,她似乎鼓着生平未曾有过的勇气走上了摄影场。虽然有家人到现场陪伴,但那耀眼的水银灯一亮,分镜板一响,导演"开麦拉"一喊,吓得她几乎连眼睛都睁不开,脚步都移不动了。

夏梦的演艺生涯就在这般战战兢兢中开始了。生活也随着她身份的转换而摇身一变,不再每日一清早拿着书包上学校了,而是每日怀着一颗沉重而兴奋的心,往摄影棚而去。摄影棚这地方,看上去不要排班看齐,又没有考试问答,但对她却陌生得比上考场做新生更要窘急、困难得多了。因为在学校里,就读毕业班的她是老师眼里懂事的大孩子,在低年级的学生眼里,她是多才多艺的风云学姐。可是到了这摄影棚,年仅18岁的她只是初出茅庐的小丫头。

尽管夏梦自己紧张又慌乱到不行，但是在当时参观摄制过程的记者眼里，才拍第一部戏的夏梦在镜头前简直就是放松和自然了。

有记者写道——"影星们初上镜头的时候，大家都会有点羞怯，好莱坞大明星如丽泰·海华丝、蓓蒂·黛维斯，都不免如是。这也许是影星在第一个'卡麦拉'下的第一难关。但是，夏梦小姐上银幕的悠然自若，神态镇定，却是一个空前的例外。"

终于熬过了拍摄阶段，更大的检验可还在后头呢！

在娱乐戏院试映《禁婚记》那天，夏梦看着银幕上的自己，一股提心吊胆、悔恨交加、羞愧难耐的感觉油然而生，差点要大声叫喊出"为什么演得这样差？"这句话。试映完毕，夏梦急匆匆地从人丛中溜出了戏院，连看到皇后道上的阳光都觉得是在指责自己"蹩脚"的演技，心里默念着"充实自己"四个字，一路跑回了家里。

正是这部让她羞愧到心跳脸红的片子，让夏梦尝到了走红的滋味。1951年7月15日,《禁婚记》率先在新加坡首都大戏院做全球首映,票房报捷,佳评如潮。紧接下来,电影同时在"大光"、"东方"和"环球"三家戏院做首轮上映,连映13天共158场次,创造了当时的卖座奇迹。同年8月20日,《禁婚记》在香港隆重试映。第二日起,"娱乐"和"快乐"两家戏院做首轮上映,连日狂满,首轮上映票房总收入为港币13.3万元,创这一年所有香港地区"国语片"收入的最高纪录,同时在菲律宾、泰国、越南等国首映后也叫好又叫座。

当时有影评人评价夏梦在片中的表现时说:"夏梦在这一部片子中的演技,让我起了另一种的好奇心理,觉得她那轻松泼辣的技能,竟把剧中的人物造型,轻描淡写得恰到好处,其成绩优异,大有驾乎一般水准之上,论演技我说她将一鸣惊人,却是一点也不过分,她在《禁婚记》中的成功,不但将奠定了她在电影圈中的良好基础,同时在一般观众的脑海中也会留下了一个不可磨灭的深刻印象。"

资深导演程步高,在看完《禁婚记》试映后也曾如此评价夏梦:"她有希望,有前途,因为她不仅有天才,而且肯下功夫研究，她第一次能有这样的成绩，很出乎一般人的意料。"

诚如程步高所言，在如何演好角色上，夏梦是下了硬功夫的。不仅在剧本、台词上反复揣摩、试演，更是通过大量观影来达到提高演技的效果。看电影对夏梦而言，是娱乐，也是功课，在不拍片的时候，她就去看电影，她认为看电影就是把消遣和学习混在一起的娱乐。在国语片、粤语片和外国片中，凡国语片夏梦逢戏必看，外国片却有些选择；至于粤语片，夏梦也是基本观众之一，并认为白燕和吴楚帆演得最好。对于外国影人，她尤其欣赏好莱坞明星响当当的演技派，比如英格丽·褒曼、黛博拉·蔻儿、泰隆·鲍华，还有格里高利·派克，而且她很善于在电影中总结各个演员演技的得失。

"近来看过而较有印象的有好几部，如《战争与和平》《红楼春怨》等。我很喜欢奥黛丽·赫本，她那种天真而敏感的态度很可爱。但是在《战争与和平》中，我觉得她后半部戏没有前半部好。照理说，经过战乱和几次恋爱的变迁，她在性格上的变化应该多一点，不能像影片里那样，始终保留着天真的神气。珍妮弗·琼斯在《红楼春怨》中出色极了，她演的是诗人白朗宁夫人故事就是她的恋爱史，那是什么气质或风度呢，我也说不出来，但是很喜欢……"

直到20世纪90年代，夏梦回想起自己的处女作时，才有了一丝安慰以及满满的感恩，她说："我的第一部戏《禁婚记》，搭配的都是一流的人才。监制袁仰安，导演李萍倩，编剧陶秦，摄影董克毅，男主角韩非，使我有一个好的开始。好的开始就是成功的一半，以后我的电影生涯，可以说是一帆风顺，我真的很幸运。"

好一个"千面女郎"

南方有佳人，遗世而独立，一顾倾人城，再顾倾人国。《禁婚记》里时尚女郎为夏梦的电影生涯开了个好头，这巧笑颜兮的一顾为她赢得了一大批影迷的关注。而这乘胜追击的"再顾"也成就了一方绝代佳人。

在《禁婚记》之后，夏梦马不停蹄地又连拍了三部电影，分别是《娘惹》、《门》、《一家春》，这三部戏原本都是为小咪姐李丽华量身定做的。

从1949年开始到1951年，短短两年间，李丽华先后与多家左派制片机构合作，仅1950年便连续主演了《诗礼传家》、《说谎世界》、《冬去春来》、《火凤凰》四部影片，以至有人将1950年称为"李丽华年"。李丽华经历了从旧长城到新长城的过渡时期，在1951年的制片计划中，长城电影公司为李丽华排的主演电影竟达八部之多，因此在当年的国语片影坛上，仍可称"李丽华年"，殆无疑义。通过与左派公司的合作，李丽华在战后香港的明星体系中找到了自己独特而又不可取代的位置，一跃成为香港最受欢迎的女明星之一，同时成为当时"中国薪酬最高的女演员"。

用专栏作家黄佟佟的话说，李丽华是"五十年前的张曼玉加刘晓庆加范冰冰的合体，演技之精湛堪比曼玉，经历之跌宕强压晓庆，而走江湖之大气又艳压今日之冰冰，千面影后已不足以说明她的传奇"。所以，这些为当时影坛一姐私人定制的电影，清一色以那时中产阶级少妇在婚姻、爱情、工作和家庭中的挣扎、寻求个性解放为主题，而部分也蕴含号召海外华侨报效祖国的讯息。不过随着身价水涨船高，李丽华渐渐大牌，也将目光转向其他电影公司，在《禁婚记》要开拍的时候，李丽华便被邵氏挖走，导致长城电影公司不得不另觅他人来江湖救急。

尽管已经凭借《禁婚记》一炮而红，但是接手这几部"别人"电影的夏梦还是不敢掉以轻心。这段时期，夏梦经历了从探索学习、一举成名到建立自信的过程。

1952年，夏梦主演的电影《娘惹》为她赢得了一大批海外的影迷。《娘惹》由岳枫执导，是以暴露华南某地一种封建旧传统的不合理的婚姻所造成悲剧的后果为主题的影片。影片中，男主角青年教师许秉鸿旅居南洋多年，带着新婚妻子杨永芬回到中国南方的家乡，却发现父母竟已代他以公鸡拜堂，娶了表妹阿娟做媳妇。虽然许秉鸿坚决反对盲婚，但是顽固的许母仍逼迫许秉鸿与阿娟补行婚礼。

洞房之夜，许秉鸿力劝表妹阿娟认清礼教的错误，不应再误己误人。而受尽委屈的杨永芬不甘委屈，为免重蹈娘惹重返中国的悲惨命运，她连夜出走，所幸被许秉鸿及时发觉并劝止。许秉鸿得到陈校长的鼓励，与阿娟当教员的旧情人王少东共谋解决办法。王少东劝阿娟反抗，因而令许母误会两人有私情。

后来，杨永芬发现有孕在身，许母知道后才开始善待她。阿娟在许秉鸿与杨永芬的劝慰下，终于觉悟到应该与所爱的人结合。于是，在许母五十寿庆之日，亲朋齐集，阿娟当众宣布脱离许家。僵化保守的父老们大表反对，在场的许秉鸿与陈校长遂力斥封建制度之不仁，感动了包括许母在内的众亲朋，两对有情人终于争取到恋爱与婚姻的自由。

这部电影在如今看来，剧情之间有些不可理喻的地方，比如以公鸡代替拜堂，表妹心有所属却不敢反抗，男主争执不过竟补办婚礼……不过，在当时，这些说不通的情节是真实存在的。

早期，旅居东南亚的华人与当地人通婚，如印尼、马来人，而后的混血后代再继续与中国而来的华人通婚，生下的孩子，男孩被称作峇峇，女孩被称作娘惹。20世纪60年代以前，峇峇、娘惹在马来西亚是土著身份，但由于政党政治因素而被马来西亚政府归类为马来西亚华人，从此失去了土著身份，峇峇、娘惹今天在马来西亚宪法上的身份和19世纪后期来的"新客"无分别。这些峇峇人，主要是在中国明朝或以前移民到东南亚，大部分的原籍是中国福建或广东潮汕地区，小部分是广东和客家籍，很多都与马来人混血。在几百年的时间里，他们渐渐形成了自己的习俗和文化，介于中国文化和马来文化之间。他们讲的语言称为峇峇话，并非单纯的福建话，在使用汉语语法的同时，依地区不同，掺杂使用马来语与泰语词汇的比例也随之不同。

其实在当时，关于娘惹主题的电影并不少见，我们可以在不少的香港影视作品里看到穿着娘惹装的女明星们，如李丽华的《娘惹与峇峇》、夏梦的《娘惹》、芳艳芬的《槟城艳》及林凤的《榴莲飘香》等，紧身衣裙裹住的细长腰肢，走起路裙脚花边跟着摇摆，落地余晖中修长的身姿款款有致，越发婀娜多姿且娇媚动人。显然在一众香港电影里头那一点传说中的"南洋"，是一座已然远去的"南洋"。在映画里的椰影婆娑中，有着一张张青春旖旎的岁月，随着时间一页页掀过，如同乱纹中依稀一幅自画像，如此稚雅茂盛，却又显得荒凉。

夏梦饰演那个称为"娘惹"的少妇就是嫁给华侨的南洋土生女子。看完剧本后，整天地想象、分析，与同事们讨论，如何才能够恰如其分地把握住剧中人抑郁、灰心、紧张、抗争的情绪。

日有所思，夜有所梦。一天晚上，夏梦做了一个离奇的梦，梦见自己到了南洋某地，椰子树下有曼陀铃的声音，一群穿纱笼的女人把她围住，一起舞蹈，一起歌唱。忽然，有人飞奔到她的身后，把她的衣领一把拉住，对她喝道："你这是做什么呀？"

这一惊，就醒了，才发现妹妹杨洁正在拍着她肩膀，直笑着她怎么做梦也能唱起歌来。夏梦愣了一会儿，索性坐在床上和妹妹谈起《娘惹》里面的爱情和婚姻。一直到天亮，夏梦把剧本里的台词念了一遍又一遍，她为剧中人流泪，为剧中人呼喊，也为剧中人微笑，涉世未深的她尽情地想象着这段跨国婚恋的甘与苦。

电影正式开拍的时候，夏梦身穿一袭薄丝白纱葛巴雅上衣，一件蜡染粉色蝶纹沙龙裙，宛如那夜梦中的场景，化身南洋娘惹，在椰影婆娑下南洋高脚屋里的大厅里，挽着珠帘，默默凝视着藤椅上的扮演自己丈夫的严俊。

如果说沙漏型高衩小旗袍，奠定了西方男人对性感神秘的东方女人根深蒂固的印象，那么身着一袭粉色轻纱绣花上衣和蜡染沙龙靠倚在椰树林影婆娑处的画面，绝对是南洋印象的最重要基本标志。娘惹服装在 20 世纪就风靡了整个马来群岛的土生族群和马来人，有种说法娘惹服装是由明朝褙子进化成现在大家看到的南洋传统服饰，这是一场百年孤寂的轮回。

比起喜剧《禁婚记》，悲剧题材《娘惹》的挑战更大，其中有一幕戏，更是让妙龄的夏梦吃尽了苦头。当时现场采访的记者写道："夏梦仍有少女特有的娇羞，缺乏婚姻生活的真正体验。当拍摄怀孕而发生孕吐的镜头开始时，岳导演认为她呕吐发出来的恶声不够逼真，不厌其烦地要她一试再试。夏梦试到面红耳赤，他仍不满意，让夏梦大呼吃不消……后来他想起自己的太太罗兰来了，就请戏中饰演严俊'原配'的罗兰'配音'替代。岳太太究竟是过来人，恶心声逼真作响……"

在《娘惹》的拍摄现场，担任场记的一个北方小伙子当场记住了夏梦的美，这个小伙子正是日后的大导演李翰祥。

就是这位大导演在年少时，见过夏梦拍戏的场景，便笃定"夏梦是中国电影有史以来最漂亮的女演员，气质不凡，令人沉醉。"当然，夏梦的魅力不仅如此。

多年之后，散文家董桥回忆起儿时看过的夏梦电影，便写道:"《娘惹》到老忘不了,也许讲的是南洋故事,我熟悉,看完电影碰见小城欧陆区里一些娘惹联想翩跹。"

如果电影《娘惹》只是让夏梦初探婚姻的模样,那另一部电影《门》则着实给夏梦上了一课"婚姻学"。

"有一般人高叫'婚姻自由',反抗父母之命媒妁之言。有一般人,明白买卖婚姻封建婚姻的错误,懂得婚姻必须有恋爱的基础。可是,事实上,许多男女,从旧的桎梏中解放出来,却又走进了新的枷锁——新封建婚姻,没有工作与生活的健全基础,只凭架空的所谓'盲目的爱情'的结合,结果,不是成了物质享受的奴隶,便是成了另一种失去自由的可怜虫。空虚、彷徨、苦闷。这样的婚姻也还是没有幸福的。"在讲述自己出演电影《门》的感受时,夏梦如是说。

在这部影片中,她便演这样一个女人,打破了第一道门,却又被关入另一扇门里。最后,再从第二道门中走出来,认识真正的婚姻幸福在什么地方。看着手中的剧本,她想如果把这一婚姻学的课有效地、深刻地表现在银幕上,传达给观众,那该是怎样光荣呢?

看到姐姐如此沉醉，妹妹杨洁便笑话她将来自己结婚时肯定经验丰富，万无一失。正是《门》这部电影使她深切地体会到了电影工作者经历了流汗的辛劳外，还能收获更大的精神上的愉快，她开始为这一份工作的意义而感到兴奋，因为她心里知道，演几部有意义的好片子，正是给自己的人生上了一堂课，编剧、导演的指点也让她得到思索问题的机会，而等片子公映后影评家和观众的意见，更是补充了自己思想上的缺点，这一切对于一个演员都是无形中得来的福分。

电影《门》是夏梦和严俊二度携手合作的作品，电影中夏梦一袭比基尼泳装、盈盈绮笑、倚躺浅滩，她与一旁的严俊深情凝视的画面十分养眼。但是当电影要上映时，却因为当时紧绷的冷战局势，在发行上遇到了问题。

1952年7月，当电影被运往新、马准备发行时，遭到了马来亚英国殖民政府电检局的为难。在紧急法令（进口出版物）的条文下，《门》成为1950年代南洋第一部被禁映的"国语电影"，拷贝更被勒令遣送回港。经过重新剪辑和一番争取后，1953年7月，《门》易名《锁情记》，电影才得以解禁放映。

到了电影《一家春》，夏梦的戏路又拓宽了些，扮演的不仅是新做人妇的妻子角色，还是年轻貌美的后妈。不过与传统印象中尖酸刻薄的后妈不同，夏梦在《一家春》里的续弦太太是给天下"后母"翻案的。

《一家春》讲述的是工程师张绍生丧偶多年后终再续弦，与女同事洪淑芬成婚。虽然张绍生的妹妹张华英及两女儿培珍、培玲对这位续弦妻子深存偏见，但洪淑芬依然对她们百般爱护。小女儿培玲擅长弹钢琴，但是一次玩球时弄伤手臂，影响了钢琴演奏，所以很是沮丧，后来在洪淑芬从旁激励下重拾信心，两人亦因此尽释前嫌。可是大女儿培珍却还是像以前一样骄纵放任，无心向学，反而喜欢交际，对循循善诱的后母心存愤恨，不听劝告，结果导致未婚怀孕。恼羞成怒的培珍离家出走，洪淑芬尾随劝阻之际，培珍不幸给车子撞倒，险伤胎儿。经过抢救后，培珍在医院病床上重见家人，深悔从前的不是。众人对洪淑芬误解全消，一家子终学懂融洽相处之道。

人美心善的"后妈"角色其实并不讨喜，因为固有观念的影响，观众往往已经有了先入为主的印象。在夏梦看来，她自己觉得太难把这一个模范后母表现成理想中的人物，甚至还和袁仰安、陶秦诉苦过、请辞过。不过这两位见多识广的电影大咖还是用种种方法给她打气，令她不得不硬着头皮接下这个任务。

电影上映后，"洪淑芬"的角色给观众留下了深刻的印象。一位有同样经历的朋友告诉夏梦，看了《一家春》后，她大哭了一场。原来，这位朋友也是个续弦太太，她先生的前妻遗留下来的一个女儿，虽然不像剧里的培珍那样，但也是常常跟她作对，把她看作敌人。朋友动情地感谢夏梦，能演出这部影片，可夏梦却说功绩不是自己的，她不过只是制片者和编导先生教诲指示下的一只螺丝钉，如果这一部机器对人们有什么功用的话，是设计者与制造者的成就，自己仍须跟在别人后面，慢慢求取进步。

当然，《一家春》里除了夏梦外，还有一批后来在五六十年代电影圈大放异彩的女明星，这些正当年华的少女们在片中演绎了令人难忘的一幕：天朗气清的郊野树下，男主人公的扮演者平凡拉着手风琴，而在他的对面，是夏梦、石慧、陈娟娟、刘恋，她们好似一条靓丽的风景线，迎着风唱起那旋律悠扬的《故乡》："朵朵白云，飞向我的故乡，青山重重，樵歌嘹亮，看那东方鲜红的朝霞，歌唱我的故乡……"

这曲《故乡》唱湿了无数人的眼角，唤起南来儿女心扉深处那无法言喻的思乡愁绪。

在当时的香港，长城电影公司是左翼电影的中坚力量，是进步电影人的代表。可是1952年初香港电影界发生的事件却给长城电影公司一个不小的打击。事件来袭时，夏梦正值研读新接的电影剧本《白日梦》，而出事的恰恰包括这部电影的编剧沈寂。

新四军出身的沈寂原本是内地的文学新秀，后来因为香港永华影业公司的邀请便举家迁往香港，担任电影公司的编剧，先后为永华、长城、凤凰、五十年代等影业公司编写了《狂风之夜》、《白日梦》、《中秋月》、《蜜月》、《一年之计》、《水红菱》等十余部电影剧本。尤其是他与朱石麟以宣扬中国传统伦理道德及民间风俗礼节为题材，合作编导的《一年之计》，在1956年获得中国文化部颁发的1949—1955年度优秀影片荣誉奖。《中秋月》于1988年被香港《电影》双周刊评选为中国十大名片之一。该片受到电影界好评,被称之为在意大利之前的新现实主义佳作。

1952年1月10日凌晨,睡梦中的沈寂被不明之声惊醒,顷刻间从屋外闯进三个彪形大汉,还提着手枪,自称"香港警署",让沈寂跟他们"走一趟"。之后就将他戴上手铐,押进一辆囚车。汽车一路向北疾驶,直到罗湖边界,警察向他出示一张告示,宣布道:"因不受港督欢迎,终生驱逐出境。"

与沈寂一起被港英政府无理驱逐的还有司马文森、马国亮、刘琼、舒适、杨华、白沉、秋梵等文艺界人士。下车后,沈寂抬头一看,前方是深圳边界,他快步走着,走出了百年来受殖民者统治的香港,走向获得新生的祖国。深圳边防战士一声"祖国欢迎您",让沈寂热泪盈眶,激动不已,仿佛一个向往光明的人,从黑暗走向了新的天地。

尽管受此次事件影响颇深,但是喜剧《白日梦》却是夏梦里程碑式的作品。电影讲述了韩非扮演的男主角马四海梦想一朝发达,夏梦扮演的其女友王帼贞时加规劝。可马四海经受不住好友乐伯道怂恿去炒金,弄致债台高筑,后痛定思痛,从此改过自新的故事。在这部讽刺妄想炒金发财却最终破产的电影里，夏梦第一次饰演少女，终于告别了为李丽华写的剧本，表演也更为得心应手。

不过真正让夏梦赢得"第一古典美人"盛誉的还得是古装片《孽海花》。1952年6月，长城电影公司老总袁仰安首次圆了导演梦，开拍"新长城"第一部古装大戏《孽海花》。

《孽海花》改编自民间故事《王魁传》和戏曲《情探》，讲述的是敫桂英的父亲遭贪官杀害，敫桂英自小沦落青楼习艺。后来敫桂英邂逅穷书生王魁，二人共订鸳盟，敫桂英更倾囊助王魁上京赴考。王魁高中状元后，却另娶权臣程戡之女，更与桂英杀父仇人狼狈为奸。敫桂英怒闯程府，揭破王魁恶行，王魁终被正法。电影中，夏梦饰演桂英，平凡饰演王魁，而婢女小菊则是石慧。

除了亲自导演，袁仰安还找来当时在自由影人圈当编导的朋友易文，匿名编写《孽海花》的剧本。电影将冤魂索命的结局做了改动，变成桂英认清王魁贪恋虚荣的真面目后，离开了他。这样的安排，是当时作为进步电影刻画女性自我觉醒的必然结果。

虽然这是袁仰安第一次当导演，但是承袭了他当电影公司老总的阔气，一出手就是大制作，前后共花了近四个月，投入资金逾40万。当时，这等于长城电影公司拍摄四部时装电影的资金总和。开拍前，从服装设计、场景设计等各项筹备工作，已费时两个月。

《孽海花》是夏梦演艺生涯的第一部古装片，其中电影的英文字幕，还是夏梦与朋友合译的。为演好古琴抚吟的场面，夏梦曾经在名家蔡德允门下学习古琴基本功和姿势。电影里，古典扮相的夏梦一颦一笑，风韵十足，自从这部电影在香港获得成功后，"标准古美人"的雅号也由此而来。

1953年8月23日至9月13日，英国第七届爱丁堡国际电影节举行为期20天的竞赛展映。在来自34个国家的两百八十余部参赛影片中，《孽海花》获甄审垂青，成了入选的19部长片之一，并于1953年9月2日，在爱丁堡孟赛纽大戏院做欧洲首映。拜爱丁堡电影节推广所赐，除了传统海外市场外，《孽海花》也陆续在英国各大城市上映，并成为当时印制拷贝最多的中文电影之一。

从《禁婚记》到《孽海花》，夏梦化身"千面女郎"，演绎了各种风情，也经历了从探索学习、一举成名到建立自信的过程。风光无限的背后是她自己孜孜不倦的努力，对自己要求甚高的她，在加入参演电影初期，总会拿着剧本到表演导师夏霞家里去练习台词，研讨剧中人物造型。连妹妹杨洁都说："夏梦签约'长城'的那一年，待遇才200块钱，相等于一个小学教员的薪水，有时候通宵达旦，还要钻研剧本，真的不容易……"

不过，随着夏梦的演出事业渐入佳境，她的片酬也水涨船高。当她1953年出演《绝代佳人》这部电影时，夏梦的酬劳大约为两万元，是所有演员中最高的。其次是一万到1.5万元，而普通演员每天30元到50元，临时演员则每天五元。

美国籍电影学者、著名影评人方保罗曾这样评论："即使在几近半个世纪后的今天看夏梦演出的一系列作品，仍然有着某种兴奋。最先感到的当然是她的美艳无比。但这还不止，不论她演的是时装、古装、戏曲片或戏剧片，都闪耀着锐利的知性。"

第四章

出阁·

行也思君！坐也思君！

导演岑范：两地西风人隔梦

最好的年华，遇到最好的你，怎料后来却是两地西风人隔梦，久别长路最难回。纵然此后隔着千山万水，经年累月，我也不曾忘怀那仲夏夜里的渺渺梦魇。见过最好的了，哪里还有将就可言？那就用我的孑然一身保全这历久弥新的陈年旧梦，目送只属于你的现世安好。

1950年，17岁的女孩遇到了26岁的男孩，在电影里，她的男主角不是他，而在电影外，他的眼光从未离开过她……

1951年，男孩说，我要回家了，他的家在对岸。女孩知道，她的家也在那里，可是，却回不去了……

2008年，曾经的男孩已经垂垂老矣，孑然一身离开了人世，无数女孩爱慕过他，可他只愿用她的爱支撑了一个人的一生一世。

这个男孩就是岑范，凭借着电影《阿Q正传》扬名国际影坛的著名导演，他也是夏梦的初恋情人。

岑范出身名门，他是清朝名将岑毓英的曾侄孙，清末两广总督、"中华民国"护法军政府总裁主席、国民党创始人之一岑春煊的侄孙。尽管祖辈显赫，但是到了岑范出生的1926年，岑家早已中落。岑范的父亲只是一名俸金微薄的小公务员，岑范到学龄年纪时，甚至因为家境不好而没能按时入学，只能由母亲教他识字读书、进行启蒙教育。但母亲知书达理，又对岑范这个岑家幺儿百般宠爱，少年时候的生活给岑范留下的都是温馨和甜蜜的回忆。

岑范是名副其实的大帅哥，1.76米的颀长身材，俊俏秀气的五官，犹如小说里走出来的翩翩公子。他自幼就相貌清秀，且身体素质出众，九岁时，尚在读小学四年级的岑范去当时上海田径队训练场地玩，跳远的成绩达到了五米，以致让田径队的教练惊奇地赞赏说："小朋友，你以后可以参加世界运动会。"

年岁稍长一些后，由于面目清秀，岑范还反串过女生的角色。那是1939年，年仅13岁的岑范在南京的一所男子中学读书。一次，高年级和毕业班准备举行联欢晚会，排练《南归》，剧中有一个小女孩角色，可男校里哪里有女生啊？正在大家愁眉不展的时候，有人提议干脆让岑范反串得了。拗不过大家的岑范只能应允，谁也没想到化妆之后的岑范还多了份娇柔，以至于去上男厕所时，许多家长以为他走错了，急得叫起来，闹了一个不大不小的笑话。后来，他又主演了李健吾的话剧《这不过是春天》，开始在话剧界崭露头角，所以常有业余剧团邀他去客串表演，例如在《三千金》中扮演风流公子，《楚霸王》中扮演傻乎乎的马夫，《家》中扮演觉慧。

不过对于年轻气盛的岑范而言，他的注意力并非只在演戏上。他大量观摩各国电影，感受到电影艺术的独特魅力，兴趣也逐渐由话剧转向电影。后来，他就读于南京大学经济系，研读了大量剧本，对剧本创作又产生了浓厚兴趣。16岁那年，他初试牛刀，写了生平第一部电影剧本《手足情深》，讲的是一位哥哥为了挽救误入歧途的弟弟走上正途，最后牺牲自己的故事，并把剧本寄给了导演朱石麟。

20世纪50年代的著名导演朱石麟正值事业巅峰，创作了《一板之隔》等多部佳片，他善于在平凡人与平凡的生活中发掘人性美的艺术特色深深吸引了岑范，甚至将他视为自己的偶像，并在寄去的剧本里提出非分要求——希望朱石麟给自己一张签名照。

百忙之中的朱石麟收到年轻小鬼的剧本和要求时忍俊不禁，竟也抽空给自己这个小粉丝回了信，写道："你诚挚的态度和顽皮的笔调使我对你发生了兴趣。"他还邀请岑范去他的拍戏现场看戏。岑范后来回忆那段往事时，连呼自己"幼稚"，不过，就是这个"幼稚"的举动，让他开始了后来漫长的电影寻梦之旅。1946年，应南洋公司邀请，朱石麟南下到香港发展，培养和发掘了众多红透半边天的电影明星，也是后来与夏梦合作次数最多的导演。

临去香港前，朱石麟向岑范发出了邀请，希望他能作为自己的助手，同往香港。那年，岑范20岁。有了朱石麟的热情扶植，再加之自身刻苦努力，岑范在香港电影圈里崭露头角。六年中，他跟随朱石麟拍了十多部影片，有时任执行导演兼演员，大多是担任重要配角，甚至是主角，有时则是编剧兼副导演。这些实践迫使他探索电影创作中的编、导、演这三个重要环节的艺术规律和特性，在具体运用时能融会贯通，全面顾及，由此，他也在编、导、演几方面都突飞猛进。又因为热爱运行、身体素质非常了得，岑范还是篮球好手，曾经与香港职业篮球队南华队、菲律宾国家队等球队交手，在当时的香港篮球界名声赫赫。

想来，如此多才多艺的美男子怎能不撩拨了少女的凡心？

除了朱石麟外，其他当时活跃影坛的导演也很赏识岑范。导演吴祖光、岳枫等甚至看中了他挺拔俊秀的外形，邀他出演电影。那时长城电影公司亟需一个身材高挑的男演员与一位新晋女演员搭戏，于是找到了岑范。这部电影就是夏梦的处女作《禁婚记》，而正是这段经历改变了岑范后来的人生。

在《禁婚记》里，岑范扮演夏梦的绯闻男友，是剧中重要的男配角。电影中，夏梦扮演对上司隐婚的职业女性，而岑范恰好扮演上司的儿子，为了不露馅，夏梦只能假装和上司的儿子谈恋爱，闹出了一系列啼笑皆非的故事情节。

尽管在戏里演的是假扮的情侣，但是在戏外却是人人看好的才子佳人。电影里夏梦正牌老公的扮演者韩非就常常拿他们两人逗趣，故意把岑范的手拉过去搁在夏梦的手上，直夸两人好登对，干脆结婚吧！剧组里的其他工作人员也跟着起哄，一人一句"你们俩结婚吧！""你带着她走吧！""你们俩私奔吧！"闹得两人羞红了脸，但是两人私底下从没提起这个话题。

夏梦的美有口皆碑，岑范的才众所周知。适逢花样年华的少男少女必然能碰撞出绚丽的火花，他们一起讨论表演艺术，分析角色心理，一起运动、逛街。岑范的眼里，夏梦不仅是有倾城之貌的美人，更是心地纯洁良善的好人。有一次，长城电影公司的一批年轻人到海里游泳，岑范的脚不小心被礁石上的贝壳划破一条大口，鲜血直流。夏梦立即蹲下用淡水给他洗伤口，拿出白手巾给他包扎，血流得太多，把白手巾都染红了……

就像所有热恋中的男女一样，夏梦和岑范形影不离。但是，在还未遇到夏梦之前，岑范已经决定离开香港，回到内地发展了。当时，长城电影公司本来希望跟他签七年演出合约，可他满心报效祖国的热忱，去意已定，只愿意帮长城电影公司客串一个电影角色，以解决他们找不到新晋女演员搭档的燃眉之急。

纵然岑范年纪轻轻，却是说一不二的人，因为他属牛，亲朋好友总打趣地叫他改改自己的"牛脾气"。那个时候，为了挤进电影圈，对朱石麟大献殷勤、送礼上门的人络绎不绝，岑范却无丁点儿"表示"。朱石麟爱才，对岑范宠爱有加，但对岑范的耿直也有点吃不消。朱石麟说："对你的才，我真是爱极了；对你的脾气，我也实在恨极了。"一次，几个人在朱石麟家里玩纸牌，过了晚上12点，朱太太过来委婉叫停，说了几遍都没人搭理，朱太太索性跑到客厅，"啪"的一声把电灯关了。所有人包括朱石麟在内还没反应过来，岑范就已跑过去"啪"的一声把灯给开了。朱太太紧接着第二次把灯关掉，岑范"牛脾气"发了，又去把灯打开，而且示威性地站在了开关旁。最后，还是朱石麟打圆场才作罢。

尽管后来与夏梦相识、相知、相恋，但是岑范也未曾改变自己的想法。他把返回内地的决定告诉夏梦。夏梦一直知道岑范是个心怀理想、不愿屈服的人，于是她斩钉截铁地说，她也要回家。

面对如此勇敢且爽快的女孩，岑范感动不已。但是当时要回内地哪里那么容易？从香港回内地需办签证，岑范辗转从在广州市军管会工作的哥哥处拿到了签证，有效期是"1951年9月4日至9月7日"。夏梦说她的通行证公司答应了会替她办妥，可到岑范临行前，夏梦的通行证还没拿到手。9月6日，岑范只好匆匆告别热恋情人，依依不舍地踏上归程，夏梦承诺，等签证办好，马上也跟着过去。

可事态的发展没有料想的顺利，夏梦的通行证迟迟办不下来，行程遥遥无期。本来，岑范与夏梦是长城公司好不容易才寻到的两根擎天柱。岑范已去，夏梦再走，公司就危险了。谁都知道，要夏梦不回内地，唯一能做的就是让她断了对岑范的思念。

天各一方的这对情侣只能隔空思念。夏梦辗转反侧、夜不能寐，天天给岑范发一封被泪水浸湿的长信，岑范也被相思折磨，同样天天向夏梦发出倾诉衷肠的长信，如果没有意外，他们的爱情火焰会越烧越旺。遗憾的是，夏梦给岑范寄出的信，岑范全收到了，至今仍珍藏着，岑范给夏梦的信，却被人做了手脚，夏梦只字未见。有人说岑范变心了，有人说岑范抛弃她了。夏梦当然不会相信，但岑范真的杳无音讯了，夏梦经历了失望、伤心，到心灰意冷的煎熬。她再没有勇气把自己的感情往水里扔了，联系就这样莫名其妙地中断了……

这一断就整整断了四年之久，四年之后早已物是人非。后来，夏梦终于有机会回内地，她千方百计找到了岑范。两人在北京北海公园见了面，这时的夏梦已经是别人的新婚妻子了，阴差阳错使这对热恋情人最终没能携手，只能以兄妹之情相待，夏梦还专门去看望了岑范的母亲。后来，夏梦来上海或岑范去香港都会互相探视，20世纪60年代困难时期，夏梦还多次专门给岑范吃素的母亲邮寄花生油。

刚回到内地的时候，岑范没有回上海，而是先去了北京。最初的几年是在八一电影制片厂和北京电影制片厂工作，拍过几部京剧戏曲片，由于家人对北京的天气不适应，总是生病，于是就请求调回上海。

到了上海电影制片厂后，同郑君里合作执导了电影《林则徐》后，由于当时政治形势很难捉摸，本来有一部《亚非支流号》需要去埃及拍摄的，结果未能成行。各厂都在拍戏曲片，当时香港也很想把上海越剧团的越剧《红楼梦》拍成电影，朱石麟曾经在香港执导过"黛玉进府"这场戏，但是后来拿到上海看时发现置景差异很大，和后面的戏串不起来就决定还是重新拍，在字幕上"艺术指导"正是表达对朱石麟导演的敬意。之后，香港黄梅戏版的《红楼梦》和内地越剧版的《红楼梦》一起在香港上映，两出戏打起了擂台，从观众的热情以及影评来看，越剧版的《红楼梦》大有胜出。

不仅《红楼梦》有香港版和内地版之分，连鲁迅的名著《阿Q正传》也是如此。1982年，岑范导演的《阿Q正传》获瑞士国际喜剧电影艺术节"金拐杖"奖，之后，他带着《阿Q正传》参加了第35届戛纳国际电影节，许多法国报纸在头版以大标题标出"第一个走进戛纳电影宫的中国人岑范"。在此之前，香港版的《阿Q正传》是长城电影公司曾经的大老板袁仰安指导的，在剧中扮演阿Q的关山荣获瑞士罗迦诺国际电影节最佳男主角奖，成为首位在国际影展中获奖的香港演员。

1983年，《阿Q正传》又获葡萄牙第12届菲格拉达福兹国际电影节评委奖。当时，得奖无数的岑范到香港参加电影节，庆祝酒会上，他远远就看到了光彩照人的夏梦，夏梦一路小跑，"啪"地在岑范肩膀上拍了一下，还一起拍照留念，两人像兄妹一样。

此后的岁月里，这位年轻英俊、才华横溢的大导演曾被无数美女爱慕追求过，但他铁心不动；为防美女纠缠，拍片都带"男保姆"。因为在他的心里，始终温存着那仲夏夜之梦，全天底下夏梦是最好的女子，没人能和她比拟。五十多年了，他难以接受别的女性取代心中那个永远美丽善良聪明的她。

岑范坦言，假如从来没有认识夏梦，他的人生也许会和别人一样，在人生的某个阶段跟某个女子结婚生子。但认识了夏梦，别人就跟她没有可比性了。他们之间没有谁辜负谁，而且始终保持着兄妹般的纯洁。

终身未娶的岑范回忆往事，竟然感到一丝庆幸，在他看来，爱一个人就是要对方好。夏梦家庭好子女好事业好，这一切都是再好不过了。

儒商林葆诚：许你一世芳华

千百万人中，你将目光倾注于我，与我执手、与我颠沛、与我看遍世间繁华，而我这生的唯一使命，便是护你周全，许你芳华……

1954 年 9 月 30 日，杨家大小姐风光出阁，22 岁的新娘顶着巨星光环，自然引来四面八方的闪光灯和艳羡声。

当日一早，凯迪拉克 62 系四门三厢大房车，载着春风得意的新郎官，抵达了香港九龙嘉林边道杨家公馆接新娘。他们从九龙渡海到港岛，于高等法院婚姻注册署举行婚礼。

这新郎官一表人才、玉树临风，到底是何许人也？

新郎官叫林葆诚，乃一介儒商，毕业于圣约翰大学，酷爱艺术。在他此后的人生中，深深地印上了"夏梦丈夫"的名号，将近55年，而他则甘之如饴。

当林葆诚和夏梦到达法院大门时，记者和闻讯而来的影迷们早已在法院前守候。长城电影公司的袁仰安、韦伟、石慧、傅奇等一队人马均前往观礼。当晚的乐宫楼，香港各界贵宾云集，喜筵上的夏梦，尽显中国新娘子的传统魅力，先是一件薄纱披肩配蕾丝旗袍，又是一件龙翔凤舞的黑褂红裙，沐浴在新婚的喜悦和幸福里。

说起林葆诚和夏梦的爱情故事，倒真的是因电影而结缘，那部电影的名字叫《姊妹曲》。

《姊妹曲》由长城电影公司于1954年出品，由朱石麟执导，夏梦、韦伟、刘恋、平凡、龚秋霞、王明等领衔主演，这也是朱石麟加入长城电影公司的首部执导作品，这部电影开启了他和夏梦第一次的正式合作，日后夏梦的不少名作，如《新寡》《同命鸳鸯》《抢新郎》《董小宛》《故园春梦》等，均出自朱石麟之手。

电影《姊妹曲》讲述了陆氏姊妹的不尽相同的人生故事。紫珊和黛妮两姐妹自幼与母亲相依为命，二人性格迥异。姐姐紫珊勤劳朴实，除教书养家外，还献身义务教育；妹妹黛妮贪慕虚荣，误交损友丁经理，中途辍学去当秘书，过着糜烂的生活。母亲和姐姐苦心规劝，黛妮仍一意孤行。不过她们不知道的是，丁经理其实是利用黛妮的美色去交际应酬，黛妮年少无知，学会饮酒和赌钱去陪伴大老板。后来，得知真相的母亲和姐姐劝黛妮辞职，黛妮不但不听，还口出恶言离家。自此，黛妮沦为大亨的玩物，丁经理提供她所有物质享受，不用她上班，有意隔绝她和她的家人。后来大老板要黛妮参加选美，帮她整容，但手术失败，黛妮面目全非。老板和丁经理见她再无利用价值，便相继离开，又终止了物质供应。此时黛妮才醒觉，于是回家向母亲和姐姐道歉，在她们悉心照顾下，黛妮身心渐得康复。

这部电影还未开拍之前，影迷们自然会认为知书达理的姐姐是由夏梦扮演的，毕竟这一贤妻良母的戏路是她所擅长的。不过出人意表的是，姐姐紫珊的角色由出演过《小城之春》、《江湖儿女》的韦伟扮演，而夏梦扮演的是误入歧途的妹妹。如此的人物设置倒是吊足了影迷的胃口。

《姊妹曲》正在摄影棚拍摄期间，林葆诚到现场去看拍戏场景。尽管是从事纺织生意的青年商人，林葆诚对电影颇有研究，尤其对夏梦出演的电影到了着迷的程度。在现场观戏的时候，恰巧得知片中缺一个扮演教师的演员，他就毛遂自荐客串演出。

在此之前，夏梦和林葆诚在朋友的聚会上有过一面之缘，但是两人并不熟悉，连一句话都没说过。本来就是众人焦点的夏梦也许在初见的夜晚，甚至连林葆诚的长相都没有看清，但是林葆诚却将这一晚记了一辈子。

其实，林葆诚早就对银幕上的夏梦非常爱慕，朋友聚会上的回眸一笑已经令他魂牵梦萦了许久。过了一段时间，听闻有朋友要去长城电影片场看拍摄现场，林葆诚兴奋地恳求朋友带上他。原来想着没准在片场里也能偶遇夏梦，没想到不仅在现场目睹了夏梦与同事们投入地拍电影的模样，而且还有机会在电影同演一部戏，这更是让他大有受宠若惊之感。

让林葆诚更加想不到的是，在工作中的夏梦丝毫没有大明星的架子，对任何人都礼貌相待，而且演起戏来，全然不像私底下不善言辞的模样，台词、表情、动作都十分到位，她身上所表现出来的专业演员的样子给林葆诚留下了深刻的记忆。而正是这次邂逅，林葆诚下定决心，要尽全力追求这位美好的女子，这便促成了夏梦和林葆诚的美好良缘。

自从《姊妹曲》那次客串不久，夏梦和林葆诚恋爱了。和所有刚坠入爱河的情侣一样，他们开始出双入对，首次结伴出游，正是1953年的圣诞之夜，此后的每个平安夜都成了两人的爱情纪念日。在林葆诚的身上，夏梦见识到了一位圣约翰大学高才生的聪颖和才气。刚开始谈恋爱那会儿，不到20岁的夏梦还是那副羞涩的少女模样，因为从小安静寡言惯了，所以每次约会，总是林葆诚滔滔不绝地逗夏梦笑，他把白天在洋行上班时的所见所闻讲给夏梦听，再加上添油加醋的旁征博引，为这个整天沉溺于剧本、深陷片场的小姑娘增添了不少欢声笑语。

就这样热热火火地过了一年，夏梦和林葆诚的爱情修成了正果，夏梦和林葆诚自1954年步入婚姻殿堂后，一直是安稳美满，为人称羡。尽管一个是当红的电影明星，一个是洋行职员，但是两人在思想和兴趣上却能保持一致，互相了解的他们并不会因职业不同而影响到家庭的宁静。

当有人问起丈夫林葆诚时，夏梦把两人的和谐相处归结为意气相投，她接受采访时说："比方旁人总爱恭维人家，尤其是对自己追求的对象，可是亚林（林葆诚）就没有这一套。他直肠直肚，有一句说一句，我就欢喜这样的性格。比方，我演的戏有什么不对的地方，在旁人一定不肯说我演得不好，但是他却肯老老实实地对我提意见，一点也不加保留。我的衣饰或者化妆，旁人一定说我非常漂亮，但他却常常鲁直地说自己的意见。我发觉到他的确是个老实人，心直口快，往往得罪了人也不知道……"想来，听多了盛誉的完人，倒是更会被真心实意的耿直所吸引。

蜜月假期后，夏梦投入了集锦式电影《三恋》的拍摄。由金庸编剧的《三恋》，故事格局在当时也十分特殊，有三个单元，夏梦和长城电影公司的新晋演员乔庄演对手戏，在其中一个单元里饰演艺术家夫妻。

《三恋》讲的是三个男人在酒店不打不相识，并且互诉心声的故事。殷兆宗偶然认识了少女婉华，婉华竟对他难舍难离，但因年龄差距使得殷兆宗总患得患失，以为婉华另有所爱，结果借酒消愁，喝得酩酊大醉，还用戳破的酒瓶指向婉华，结果因忌妒气走未婚妻婉华。而另一个男主人公虞百城周旋于三个女人之间，一个有钱，一个温柔，一个热情。这三个女人像约好似的，同时催虞百城结婚，可是虞百城却三心二意，犹豫不决，最后同时被三个女朋友抛弃。反倒是社会阶级不如前两位男主人公的侍者俞传宁拥有一段良缘。俞传宁本来以画画为业，他的女朋友依雯则是教人唱歌的音乐老师。但因为赚钱不多，于是两人相互瞒着对方，都甘愿放弃艺术工作，为组织家庭而暗里转到酒店工作。一天，两人被酒店传出的歌声吸引，不期而遇，心中豁然开朗。夏梦饰演的便是白依雯的角色。

拍罢《三恋》，夏梦休养待产，期间，在参与一次公司组织的青山郊游中，不慎动了胎气，于1955年5月27日，在法国医院诞下了一个七磅重的男婴，也是两人第一个爱情结晶：林建宇。一家三口的小日子过得风生水起，甜甜蜜蜜。

作为一个事业型女性，夏梦的生活重心始终有她醉心的电影事业。1955年，有记者访问了产后的夏梦，并问及夏梦婚后是否会引退时，夏梦说："我热爱电影艺术，今后绝不会离弃水银灯下的生活，虽然我爱我的丈夫和儿子，但我也同样深爱着电影艺术啊！"

贵为影坛一代佳人，夏梦身旁自然不乏追求者或暗恋者，无论婚前婚后，她总是靓丽新潮、夺人眼球。而夏梦的智慧恰恰就在于美丽不自持，低调且安分。据说婚后的夏梦笃定地做一个幸福主妇，自己家中从来不挂一张剧照，和丈夫彼此珍惜善待了一辈子。

在那一辈女明星中，守着一次婚姻，不为了留住美丽的容颜而做无谓的挣扎，踏实地迎接中年、老年，生儿，育女，默默地终老者寥寥。

美成传奇，却又安然顺遂的，甚少。夏梦在事业最辉煌时急流勇退，嫁做商人妇，并与之携手同行半个多世纪。夏梦有着清新的笑颜，良好的教养，不仅在银幕内外的风度令人倾倒，而且语通中外，学及古今，博览群书，一生端庄，难怪影视评论家石川这样评价她："是传统士大夫心中理想女性的化身，又是承载着上世纪三四十年代民国文人家国梦想的梦中情人。"

才子金庸：
西施的模样，朝思暮想

沐春风，惹一身红尘；望秋月，化半缕轻烟。《白马啸西风》里，李文秀问："如果你深深爱着的人，却深深爱上了别人，有什么法子？"能有什么法子呢？与其天涯思君，恋恋不舍，莫若相忘于江湖……可是，江湖之间，四海列国，千秋万代，就只有一个她。那可是想忘就忘得了的？

无意行走江湖的夏梦，总带着一个标签——"金庸的梦中情人"。当年大才子委身当小编剧的故事满足了看客们对才子佳人风流韵事的所有想象。可无论"襄王有心，神女无意"，抑或是"恨不相逢未嫁时"，流芳半个多世纪的轶事，早已穿行过春花秋月，如烟如尘。

旁人提及往事，夏梦只言："我和金庸，其实不如不说。"

再无他语。不如不说，是夏梦惜字如金，也确实是无话可说，因为那所谓的"佳话"到底是别人的，与我无扰！

如今的金庸是稳坐武侠小说第一把交椅的大师，然而在七十多年前，血气方刚的他因对校内学生行为不满而向校方投诉，却反被退学。1950年，时任《大公报》电讯翻译的金庸开始撰写影评。当时影坛发生港府清共、刘琼等一帮"赤色分子"驱逐出境的暴动；长城电影公司为厉行思想控制、假读书会进行连串批斗检讨，遂爆发李丽华等一帮大明星顺势"投奔自由"事件，而夏梦等左派影人力捧的电影新星开始崭露头角。

由于写影评，金庸与左派影人相熟，靠着这层关系，他于1957年化名"林欢"，加盟长城电影公司，担任编剧的工作。此时的金庸早已不是初出茅庐的小毛头，他与梁羽生、百剑堂主在报上开设专栏《三剑楼随笔》。

如此大才子正值创作巅峰，为何要加盟长城影片公司，屈就去当个编剧？原来他是为了接近夏梦而去的。据金庸的一位挚友说：他爱夏梦如痴如醉，但难于在生活中见到夏梦，才想到了"加盟"这个绝招。金庸还开玩笑说:"当年唐伯虎爱上了一个豪门的丫环秋香,为了接近她,不惜卖身为奴入豪门,我金庸与之相比还差得远呢。"

当时的电影厂实行学徒制,而一介知识分子投身幕后,甘当编剧学徒是很不可思议的。但事实上,金庸还是想得简单了些,因为一开始编剧和明星没并有什么接触的机会。所以,剃头担子一头热的他必定抓紧所有可能的渠道打听梦中情人的点点滴滴。当时夏梦的宣传照常由一位剧照师负责,金庸便曲线救国,与这位剧照师套近乎,从而了解夏梦的动态。这位剧照师叫陈家洛,他的名字也成为金庸第一部小说《书剑恩仇录》的男主角。

自1955年《书剑恩仇录》问世,金庸的武侠小说先在香港、东南亚等地,然后在海峡两岸乃至整个华人社会长盛不衰,创造了一个奇迹。香港红学家林以亮说:"凡有中国人、有唐人街的地方就有金庸。"据不完全统计,金庸的读者超过一亿人。从20世纪70年代开始,金庸的作品在香港及海外一直高居畅销榜榜首。1996年,台湾远流出版公司的调查报告显示,单是台湾从1985年到1995年,金庸作品就发行了470万册以上。

如果加上早年的盗印本及以后的远景版，发行量有上千万册。

如此都是后话，如今凛凛威风的金庸大侠在彼时却是求爱无门的失意男儿。因为就在金庸进长城电影公司之前，夏梦和风度翩翩的林葆诚已经结婚了。尽管周遭存在多多少少的诱惑和爱慕，但是夏梦不迷乱不迎合。她忠于丈夫、安于家庭，从未想过逾矩之事。这种坚定成全了世间一种罕见的美好：你有爱的权利，我有拒绝的自由，保留欣赏，不破底线。

但金庸对夏梦已是极难"慧剑断情丝"了，而夏梦哪里是愚钝之人？她机灵敏感，对金庸的隐情曲折，心里自然明白是怎么一回事。尽管深知不能与金庸有任何瓜葛，但是她还是极欣赏他的人品和才学，故不能采取断然拒绝的态度，于是便客客气气地友好相待，在电影事业上认真合作。

初进长城，金庸就为夏梦写了《眼儿媚》这个几近告白的剧本。这部电影是由夏梦和鲍方主演的，剧中年轻貌美的女主角严尔梅打算与勤奋上进的爱人侯克生结婚。但是严尔梅的父母势利凉薄，对二人的恋情百般阻挠，硬将女儿嫁给富有而庸俗的"肥仔"。严尔梅与富有的干爹侯以礼假结婚，以摆脱父母迫婚，并等待被父亲故意远调的侯克生回来。谁知侯以礼戏假情真，梅吓得连忙逃走，躲居于某酒店，静待爱人回来。侯克生回港，与严尔梅重逢，她刚好届自主之年，遂不理父母反对下嫁侯克生。当时，夏梦的妆容就是正当流行的"眼儿媚"，这个俏皮美妙的名字，成为日后《天龙八部》名种茶花之名。

此后，金庸又为夏梦打造了一部电影叫《绝代佳人》，这四个字不啻是对夏梦的最高礼赞。故事源自《史记魏公子列传信陵君窃符救赵》一章，而金庸的剧本则是改编自郭沫若的《虎符》。当时还是"长城"新人的乐蒂，第一次参加了银幕演出。

这部电影讲述的是战国时丰神独艳的如姬为信陵君舍身取义的恋爱故事，夏梦扮演的就是窃符救赵的如姬。故事中，如姬经侯生介绍而成为信陵君的门客，并与信陵君相爱。魏国大臣见如姬貌美，想夺为己有，未遂，后又设计将她献给魏王为妃。魏王对如姬颇为宠爱。秦兵围攻赵国邯郸，赵求救于魏，魏王惧秦而不愿发兵相救，信陵君屡次进谏，也无济于事。此时，秦亦派使者对魏王威胁利诱，随使者前来的正是出卖赵国军队并与如姬有杀父之仇的奸细。如姬要魏王斩奸细以报父仇，魏王佯装应允，实则将其藏匿大臣家中，后信陵君派门客将奸细杀死，如姬对此深怀感激。邯郸形势告急，如姬坚决要求魏王出兵，魏王为讨她欢心，派晋鄙率兵十万救赵，实则屯兵观望。赵魏本唇齿相依，信陵君决定率几千门客与秦兵决一死战。侯生认为此举劳而无功，不若通过如姬窃取魏王的虎符，则可领晋鄙的十万大军救赵。某晚，如姬在灌醉魏王后窃得虎符，遂使信陵君率大军解救了赵国。但魏王却下令斩如姬，如姬从容就义。

电影上映后，武侠小说作家梁羽生称"绝代佳人"之名与夏梦绝对相称。然而，当年的夏梦，对这四个字却是不敢恭维的："用'绝代佳人'这名字，我或许不敢接受演它了。对于任何一个女演员，这剧名都是一种太大的威胁。但等到公司方面决定改用这剧名时，我们已对剧中的人物与故事讨论了许多，我已对如姬研究了很久，我已爱上了这个角色。"

为了演好如姬，夏梦做了很多功课，不仅研究人物的性格，理解她的思想，并通过各种渠道去了解人物所处的时代背景。在夏梦看来，如姬是中国古代坚毅妇女的一个典型，"绝代佳人"这四个字，不是为了形容她的外形之美，而是人格之美。

这部耗时近四个月摄制而成的电影，于1953年中秋节黄金档全球首映，更排在当时只演外国电影的"利舞台"与"大世界"两家戏院上映。随后，该片在新加坡、马来亚、泰国陆续上映。1956年春天，《绝代佳人》在广州、上海、北京做内地放映后，深受欢迎，一直映到了东北和新疆。几个月后，上海等地的戏院还在放映。

但是一个小编剧想要获得大明星青睐简直难于登天，因此金庸争取导演之心应该比什么都炽烈。到了1959年，金庸从编剧升格为导演后，第一部戏就是为夏梦量身打造的越剧《王虎老抢亲》。

由金庸编剧、执导，夏梦主演的戏曲电影《王老虎抢亲》在20世纪60年代掀起了中国戏曲电影的热潮。这部电影讲的是杭州才子周文宾才貌出众，扬言能男扮女装而无破绽，文宾好友祝枝山不信，二人立下赌约。文宾于元宵夜乔装女子游赛月台，枝山果然无法辨认。枝山正要服输之际，遇上兵部尚书之子王老虎出游，见文宾惊为天人，强抢回家成亲。文宾费尽唇舌，始说服天豹把婚事延至翌日，天豹为免文宾出走，着文宾和其妹秀英共宿。文宾、秀英本互相倾慕，文宾曾提亲，却为天豹阻挠，二人遂将计就计，天豹及天豹母亲碍于家声，被逼答允文宾、秀英婚事。文宾因祸得福，赢得美人归。

《王老虎抢亲》移植自上海市合作越剧团的保留剧目，也是两位越剧名家戚雅仙和毕春芳的首本名剧。长城电影公司的计划就是直接让演员们模仿学习戏曲名家，再由内地越剧名家幕后代唱。因此，长城电影公司多方协调沟通，请求获得了文化部批准，并得到上海市合作越剧团的支持和配合。于是，在1960年初，制片、导演等一行四人来到上海，请剧团主要人员在华侨饭店吃了一顿饭，接着戚雅仙、毕春芳和《王老虎抢亲》原班底人马，去了上海科教电影制片厂正式演出，由长城电影公司摄制成工作片，前后共拍了三天。而这部工作片就成了夏梦等一批演员模仿的表演教学视频。

一票演员看到导演组带回来的工作片有点蒙了，在电影中扮演王老虎妹妹秀英的演员李嫱回忆道："当时他们把这个录像拿回来，其实就一个远景，一个平面图，架个镜头在那儿拍摄，表情都看不清楚，看到一些立体的身段，就这些作为参考。那么，最主要就是原剧团班底演出的录音带，因为是电影的原声带嘛。除了平常演员自己练功以外，每个人也发了一份录音带，回家不断地听，掌握其中的节奏、对口、换气、感情等，务求给观众一个真实感……"

反观夏梦，她从小就是越剧迷，一大家子都喜欢戏曲，从小耳濡目染倒也有些积淀。成名后，她到大陆演出时，总是寻着好些精彩的越剧演出，平日里也常跟着戏曲唱片哼哼。不过说到底演出这部戏不算轻松，尽管夏梦有京剧的修养，但学的行当是青衣，这回被要求要以越剧戏曲功架身段为主。再加之在电影中反串江南才子周文宾，戏中的周文宾还要再反串徐大姑娘，特别是在非常有限的时间内，几乎是要从无到有来学习。

"我在戏中一半是以小生姿态出现，一半却演花旦，故此学戏时，我两种姿态都要学的……演戏（越剧）不是一朝一夕便能学成的，我们又不是奇才，短短的学习时间，岂能哄我们把整出戏演好。于是，我们又特地请教师来上课，足足学了三个多月，就算是戏在拍摄中，我们的老师（孙养农夫人）

也在旁指点。到戏拍好了，我透过一口气后又感到自己太大胆。不过，这次的大胆，却使我学到不少东西。因此，我对《王老虎抢亲》这个戏有着特别的感情。除了喜欢，还更珍惜这次的试验。"夏梦接受记者采访时说道。

1960年4月21日，《王老虎抢亲》在清水湾电影制片厂正式开镜，一众演员还闹出不少笑话。因为是专业的越剧演员代唱，所以在排练时，导演要求演员们必须要唱出声来，这样才更贴近真实演出的感觉。但是正式拍摄的时候并没有严格要求，只是如果不跟着唱的话，感情可能不到家，抓不到越剧气口。可问题恰恰在于，这一唱出声来每个人的声调不同，有的演员根本不会唱，或者唱得走调了，只能跟着哼哼，因此拍摄现场总是回响着或高或低的唱腔以及此起彼伏的欢笑声。

其实，对当时的夏梦而言，《王老虎抢亲》这部戏还有一个特别的难处，就是带"孕"出演。电影拍摄时，夏梦因为肚里怀着大女儿，没绑缚腰带，腰身不如往时纤细，走起路来有点摇晃，又因为眼睛发炎，又红又流眼水，所以夏梦对成片的结果并不很满意。不过夏梦眼里的"不满意"却成了同组演员眼里的"刚刚好"。为什么呢？原来，大家都认为剧中的周文宾本来就是男扮女装，所以他的举止不可能像女人那么温柔，而怀孕的夏梦恰恰把这种"反串"的别扭感表现出来了。

果不其然，《王老虎抢亲》的上映引起轰动。电影中的一场大戏就是周文宾于元宵夜乔装女子游赏月台，而首映日恰好也是元宵节。电影上映期间，戏院天天大排长龙，场场爆满，还同场加映了上海越剧团访问香港的演出和生活的纪录片，更吸引了不少买票的人潮，十分卖座。此后，其他戏院也连夜排片上档，连续放映了一个多月。

由于是越剧电影的初次尝试，制片方极其重视，还特地安排了夏梦、李嫱、余婉菲等一众片中演员亲临仙乐戏院听取了观众的意见，作为往后摄制类似题材的参考，并邀请新闻界和文化界人士，在乐宫楼摆谢师宴，以感谢孙养农夫人的指导，也同时庆祝《王老虎抢亲》的成功。

很快，《王老虎抢亲》便占领了国外市场。1961 年 7 月 22—23 日，电影在新加坡的发行由国泰机构代理，连续夜场在奥迪安大戏院试映，宣告满座。过了数日，国泰机构旗下大华、奥迪安、新娱乐等三家戏院半夜场试映，又出现长龙，于是接连放映满一周，最终联满九天，盛况打破纪录。眼看合约档期完毕，只好请商业竞争对手光艺机构，在好莱坞戏院再映一周，共联映 16 天，还是欲罢不能。但因为同一份拷贝要转移到马来亚半岛院线放映，不得已只能下档。

《王老虎抢亲》大获成功，使得长城电影公司确认了越剧戏曲片的商业可行性，而剧中潇洒的周文宾也成为夏梦电影作品中经典角色之一。正如著名作家亦舒所言："一个演员能令观众仰慕这么些年，真不简单，且又是最挑剔眼睛雪亮的观众……记忆中最喜欢夏梦反串《王老虎抢亲》中的周文宾。她无论时装古装，俱美得咚的一声……"

对于导演兼编剧金庸而言，《王老虎抢亲》的戏剧狂欢并未给他带来多大愉悦，因为这是他和夏梦合作的最后一部电影了。

其实，在工作之外，夏梦和金庸也单独"约会"过，那是他们仅有的一次约会，地点在夜晚的咖啡厅。那次是金庸主动，而夏梦也是例外地答应了。在咖啡店里的幽幽烛光和柔柔音乐中，金庸带着几分酒意，终于倾吐了自己的爱慕之情，夏梦听了极为感动，她说她是非常敬重他人品的，只可惜"爱使"迟到了一步，感叹"恨不相逢未嫁时"了，并说根据她的为人，是绝不愿去伤害夫君的，请求他能格外原谅她。这次幽会就这样伤感而无奈地结束，从此之后，金庸只好把夏梦当作苦心依恋的"梦中情人"。

金庸苦追夏梦未果后，存着一份幸福的遗憾转而投身杂志事业，创下《明报》基业，并开始连载他最浪漫悲愤的小说《神雕侠侣》。他创办《明报》不久，夏梦曾有过一次长时间的国外旅游，他就在《明报》上系列报道夏梦的游踪行迹，而且还开辟了一个专栏——"夏梦游记"，一连多天登载夏梦所写的旅游散文和小说。在这样一份以报道和评述世界和社会大事为主的报纸上为一个女明星开专栏，确是一个例外，足见他爱未了、心如初、深情仍在难释怀。

时过境迁，金庸成了名满天下的武侠之集大成者，他笔下的江湖和爱恨成为读者们津津乐道的话题。尽管各有婚娶，但是他与夏梦的这段过往也如书中人般幻化成一方传说。三毛便曾说过："金庸小说的特殊之处，就在于它写出一个人类至今仍捉摸不透的、既可让人上天堂又可让人下地狱的'情'字。而不了解金庸与夏梦的这一段情，就不会读懂他在小说中'情缘'的描写。"

许是受到三毛的提点，众多读者似乎在黄蓉、小龙女、王语嫣等众女神身上看到了夏梦的影子。先说这仙气十足的王语嫣，在《天龙八部》里，金庸极力勾勒水乡泽国之美，王语嫣一登场即是烟笼寒水的气韵——"只见一个身穿藕色纱衫的女郎，脸朝着花树，身形苗条，长发披向背心，用一根银色丝带轻轻挽住。段誉望着她的背影，只觉这女郎身旁似有烟霞轻笼，当真非尘世中人……"因她仙气十足、超凡脱俗，成了段誉心中笃定的"神仙姐姐"，不由地让人想起同样出生于江南水乡的夏梦。

事实上，夏梦、林葆诚和金庸都是多年的老朋友。2012年6月9日的午宴上，大家从《明报》谈到了金庸。夏梦一派从容地说道："最近没见过，但不久前打过电话啊（问候金庸），阿May（金庸的现任太太）接听，不过她（阿May）却不叫自己查太太，而自称林小姐……"

妹妹杨洁对金庸也是十分熟悉，每次见面都亲切地唤他"姚阿姨"。原来，金庸早年在《新晚报》专栏上的笔名叫"姚嘉衣"。取这个亲和力十足的女人名字，是因为金庸在《新晚报》那个栏目是读者的信箱，专门回答生活问题、感情问题的，所以当时熟识的一帮人都叫他姚家阿姨。

1978年夏梦组建了青鸟电影公司，投拍第一部电影，由许鞍华执导，电影片名《投奔怒海》就是夏梦特地请金庸改出来的。

54岁还能为年少时的挚爱做一次小编剧，这是何其美好。不管什么时候都是当年的小编，也许这便是金庸一生的夙愿了吧。

第五章
举世·
疑是洛川神女作

乍暖还寒，北上

1957年的春天，乍暖还寒，生机盎然的季节里充满着鲜嫩的色彩，这抹亮色也浸染了演绎人生百态的大银幕。这时的夏梦正在筹拍凤凰电影公司的第一部彩色片、朱石麟编导的《香妃》，她还不知道，从北方将传来一个意想不到的好消息。

那年的暮春午后，夏梦一路北上，从香江畔的东方之珠到位于皇城根下的首都北京。这一路，似乎走得颇为漫长，从1947年举家离沪南迁到1957年，隔着十年的光阴，夏梦又一次回到了中国内地，而这是她长这么大以来第一次到北京。

走在北京的大道上，一切都是新鲜的，但一切又都是念想里的模样。夏梦的这次北京之行当然不是为了游览祖国的大好风光，而是作为文艺工作者，受邀出席了中国文化部举办的文艺界盛会。

1957年4月11日，中国文化部1949—1955年度优秀影片授奖大会在北京隆重举行，同时开幕的还有一连四天的中国电影工作者联谊会（简称中国影联）成立大会。参加授奖大会的，有部分得奖人员、各制片厂负责人、香港得奖影片代表、出席全国电影发行与放映先进工作者代表会议的代表，还有北京电影界人士，共一千四百多人。夏梦代表长城公司领取电影《绝代佳人》的荣誉奖。

当天的会场一派星光熠熠，白杨、舒绣文、上官云珠、赵丹、黄宗英、王人美、金焰等一大批观众耳熟能详的明星汇聚一堂。在耀眼星光之中，享誉两地影坛的夏梦却化身为影迷，对内地的电影界前辈们十分尊敬和崇拜，即使与他们是初次见面，但是夏梦总有种一见如故的感觉，就亲切得好像多年的老朋友一样。尤其令她佩服和羡慕的是，这些扬名内地电影界的前辈们不只是从事着自己的电影工作，而且也参加了各种各样的社会活动，他们有的现在是人民代表，有的是政协委员，受到祖国人民的爱戴和重视。在夏梦看来，这些荣誉是他们努力工作的成果，所以作为一个电影工作者，应该向前辈们学习如何对待自己的工作，怎样很好地负起社会责任。

授奖大会现场，时任新中国文化部副部长的夏衍把奖状和奖章一一授给领奖代表。在如雷的掌声中，夏梦、费鲁伊、上官云珠等获奖人员，纷纷上台领奖。接到沉甸甸的奖章时，夏梦说："我以祖国给予的奖励为最大的光荣，并且要向祖国电影工作者学习，努力创造更好的作品。"

后来，夏梦接受电台访谈时，畅谈了自己领奖时的心情："我年纪小，从影的年龄更小。论演技，论贡献，实在谈不上，我只是一个电影艺术的小学徒，这次荣幸获奖，我自己真是感到惭愧。祖国给我这个荣誉，这是祖国人民对我们香港电影工作者的一种鼓舞和奖励，所以当我登台受奖的时候，我感动得忍不住掉下眼泪来了。我在当时就下了决心，等回来一定要好好地工作，用更好的工作来报答祖国人民对我的热爱。"

夏梦激动的心情不难想象，与她同样作为香港故事片获得荣誉奖的，包括代表凤凰公司领取《一年之计》荣誉奖的韩雄飞，代表龙马公司为电影《一板之隔》领奖的费鲁伊，以及代表中联公司领取电影《春》荣誉奖的刘芳。正如时任新中国文化部部长的沈雁冰致辞时所说："全国各地的电影工作者的代表，特别是包括香港的进步电影工作者的代表，第一次会合在一起,来北京接受国家和人民的荣誉的奖励,这是中国电影工作者的一次光荣的、有意义的大会,也是中国电影史上从来没有过的,值得大家永远纪念的光辉的一页。"

颁奖大会过了两天,毛泽东在中南海怀仁堂后面的草坪接见了出席联谊会成立大会的代表,还和夏梦等代表亲切握手交谈并合影留念。而在这张弥足珍贵的合影里,夏梦和毛泽东中间还露出邓小平的正面笑脸,要知道邓小平和电影界人士的合影,要远远少于毛泽东和周恩来,因此这或许是极少有的新中国第一代、第二代领导人同时与电影界人士的合影照片。

当天下午,周恩来总理和邓颖超伉俪在中南海宴请参加大会的女演员,除了夏梦,还有王人美、黄宗英、岳慎、黎莉莉、舒绣文、白杨、吴茵、宣景琳、上官云珠、石联星、于蓝、胡朋等人。

刚接到邀请时,夏梦又惊喜又紧张,心想自己只不过是一个普通的演员,却能得到如此殊荣。在宴会上,周恩来总理准确无误地叫出了在场几十号演员、导演的名字,他那平易近人的作风，亲切安详的语调，豁达爽朗的笑声，一下子把夏梦紧张的情绪都驱散了，不但不紧张，而且还能侃侃而谈，恨不得把自己的心里话全部掏出来。

而这次见面，周总理同夏梦的一席谈话，回答了她心里蕴藏很久的顾虑，使她茅塞顿开，豁然开朗：

特别令人难忘的是总理那敏锐的洞察力和真心实意为人民的精神。他好像知道我们的一切，了解我们的一切。他亲切地询问我们香港电影工作的情况，问我们遇到什么困难？是否称心如意？他的谈话，用循循善诱的方法，在不知不觉中就回答了我心里蕴藏很久的问题。谈话当中，我感受最深的，是他多次教导我们，凡事要适应当时当地的实际情况，要从香港和海外的具体实际出发，不要照抄照搬。

这历史性的一刻记录在一张泛黄的黑白相片里，在艳阳下的紫光阁前，十几名女演员簇拥着周恩来和邓颖超，每个人的脸上都洋溢着欣喜的微笑，照片中站在周恩来身旁的就是美丽动人的夏梦。

在北京，夏梦还见到了多年未碰面的妹妹杨洁。

从小一起玩闹到大的姐妹花此时早已出落成独当一面的模样。姐姐是享誉影坛的大明星，杨家大小姐已成了林家太太，儿子也都快两岁了。妹妹自然也不差，是纵横体坛的篮球名将。

1953年，19岁的杨洁入选国家队，担任中锋位置。由于她擅长高位策应，且在篮下左右手均能勾手投篮，同时具备中投能力，拼抢篮板球积极，因此被国家女篮所器重。

许久不见的姐妹俩难掩愉快之情，用上海话欢叙家常。杨洁喜滋滋地告诉夏梦她到苏联、波兰、东德等国家比赛的生活经验和趣事，以及即将参加国际青年节的好消息。夏梦为电影荣誉奖，从香港远道而来，而杨洁在与夏梦京城重聚的这天，正好被宣布成为国家篮球健将，成为中国国家体育委员会第一批入选的12名女篮健将中的一员猛将。两姐妹同时获得殊荣，芳名叱咤京城，誉满中国，成为当时备受瞩目的一大盛事，并传为一时佳话。

1957年对杨洁而言，也是重要的一年。这一年，她代表中国女篮出征世界大学生运动会，紧接着又出战世界青年联欢节。也在这一年，一部以杨洁为原型的电影上映，风靡一时。

当时，著名导演谢晋萌生了拍摄一部体育电影的想法，由于杨洁球风奔放，极具观赏性，很符合谢导的"胃口"，于是就被选为了电影人物的原型。又因为杨洁在国家队身披5号战袍，因此，这部电影就此被定名为《女篮五号》。在这部电影中，杨洁被谢导"一掰两半"，在电影里成为林洁和林小洁母女俩。谢导也在杨洁个人生活经历的基础上，进行了艺术加工，从而完成了这部在中国体育史上闻名遐迩的佳作。就在影片的最后部分，包括杨洁在内的中国女篮队员，还客串了一回群众演员。从此，"女篮五号"成为了杨洁的另一个重要身份。

见过杨洁之后，夏梦的内地之行并未结束。会议过后，夏梦、韩雄飞和费鲁伊依然一路北上，到达东北。他们作为香港文艺界的代表访问了长春电影制片厂，和"长影"的演员们交流，还观看了长影剧团演出的《方珍珠》。

从东北返回北京时，正好赶上即将到来的"五一"劳动节。"五一"劳动节游行当天，夏梦看着天安门广场前连续不断的队伍、海洋般的鲜花，还有主席台上神采奕奕的领导人，一股崇敬和自豪之情油然而生，在充满朝气的少先队走过的时候，她的眼里几乎一直是饱含着激动的泪水。

观礼过后，周恩来在怀仁堂，再度接见了香港电影代表团，随后共进午餐。席间，周恩来举起酒杯，对夏梦说："最近北京感冒很多，我没有感冒，因为我喝了茅台酒。"夏梦说："我也不想得感冒，我得和您喝茅台。"

这段茅台酒的故事后来还被夏梦写进了文章里：

在联欢舞会上，我和总理跳舞。在跳舞时，我说："请总理对我们的工作给点指示。"总理笑着说："你这是在讲'北京话'嘛！你是香港人，不要讲'北京话'，要讲'香港话'。在香港这个地方，可以做很多工作。用影片团结华侨，宣传爱国主义。"在和总理共舞时，记者拍了不少照片。当我把照片拿回电影公司时，同事们看着照片笑着说："你平时拍的照片都是正面的，这回却全是背面的了。"我也笑了。但我心里在想，能有机会和敬爱的周总理在一起拍照，就是留个背影，我也是从心底里觉得非常荣幸的。

北京之行即将结束时，周恩来总理送给夏梦一幅兰花图，这幅水墨淡彩一直挂在夏梦半山家中的客厅里，静静地伴随着她，正如周恩来总理和煦的微笑。她永远不会忘记第一次进京时，周恩来伉俪的关爱和鼓励，当然她也不会忘记与周恩来总理的最后一次会面。

1962年3月，中国戏剧家协会在广州召开话剧、歌剧、儿童剧创作座谈会，夏梦赴五羊城参加了这次会议。座谈会期间，周恩来把一块白绸送给夏梦留念，这块用甘蔗纤维制成的白绸，一直被夏梦视为最珍贵的礼物，珍藏至今。

在这次会议上，周恩来总理鼓励文艺工作者可以多创作些小朋友们喜闻乐见的儿童剧。在此之后，凤凰电影公司就宣布开拍《我们要结婚》的计划，夏梦和傅奇出任主角，电影还有五个童角。由鲍方编剧的《我们要结婚》，讲述了一个笑中有泪的悲喜剧。

夏梦和傅奇饰演的是一对恋爱七年的情侣康平与柳莹。他们苦等七年，却因为失业和疾病问题屡误佳期，终有足够经济能力结婚，不料佳期将至，柳莹的五名远亲孤儿突然前来投靠，令二人生活百上加斤，忙乱不已。柳莹为求富裕亲戚收养孤儿，特意花费替五童装扮出席饭局，席间亲戚们却互相推搪，溜之大吉。婚礼前夕，康平与柳莹唯有强行将小孩分送五户亲戚收养。二人成婚，返家竟见众童不堪虐待逃走回来。康平与柳莹决意收留孤儿，且得房东让出空置房间给小孩居住，一对小夫妻终可静享新婚生活。

电影里的五名儿童演员除了吴回导演的女儿吴嘉丽之外，还缺四人。为此，陈静波决定公开登报招考四名儿童演员。短短一个星期内，公司竟收到2000封应征信，经遴选举办面试后，最终录取了四名小童星。

《我们要结婚》在香港票房报捷，1962年12月19日在"仙乐"、"都城"首映，共联映13天，大获佳评。1965年2月25日，又在"普庆"、"珠江"、"国泰"和"高升"四个戏院同时重映，轰动一时。这也算夏梦完成了周恩来总理交付给自己的任务。

倾城出动，南下

从北京载誉归来，夏梦便开始了深居简出的生活。原来，在北上之前，她正紧张地筹拍电影《抢新郎》和《香妃》，前者是夏梦演艺生涯里的第一部彩色电影，而后者是凤凰电影公司的首部彩色片。自从 1939 年，香港第一部彩色电影《破镜重圆》上映以来，各家电影公司都投入到彩色电影的尝试中来。

迄今为止，许多影评人仍然用无声、有声作为电影时代的划分标准。但不可否认的是，自电影发明以来，电影人就不断追求在银幕上真实或艺术再现我们眼中这个五彩缤纷的世界。彩色电影的诞生是科技进步的结果，也是历史发展的必然，是对世界电影的巨大贡献。

不过对于演员而言，拍摄彩色电影比拍摄黑白电影多了些许挑战。正如当时从北京回到香港续拍电影的夏梦，肤色的统一与否就是摆在她面前的第一道难题。

那时《香妃》因故停牌，所以夏梦一回到香港，就继续重新投入到《抢新郎》的拍摄之中，但是由于这段时间常常在外奔走，再加之热爱游泳，夏梦把自己晒成巧克力色。《抢新郎》恰好是夏梦拍摄的第一部彩色片，已经晒黑的夏梦与此前拍过的镜头色调不同，所以化妆师还特地嘱咐她要减少户外活动，暂时先不要去游泳了，以免把肤色照黑，前后戏连不起来。

如果说，《王老虎抢亲》是夏梦初次反串风流倜傥的谦谦公子，那《抢新郎》则是她第一次尝试小生扮相。

《抢新郎》讲的是阳春三月，跑江湖的张宣和女儿彩凤来到浙江钱塘县卖艺。秀才李玉对彩凤的精彩表演赞叹不已，彩凤目睹李玉的风采，也为之神往。此时，钦差奉旨来到钱塘挑选800名美女。这一消息迅速传开，全城为之哗然。老百姓迫于无奈，纷纷紧急为女儿寻找女婿，以求幸免。因此，李玉一出门便被拉婿者团团围住，软哄硬拉，不一而足。

最后，他被本城富户王员外强行拉去，并逼迫与员外之女成亲。李玉不从，被禁于书房。他越墙脱逃，却跌倒在隔壁人家的院子里。这里正是张家父女暂时栖身之处，张宣认为爱婿自天而降，喜上眉梢。一对意中人意外相逢，自然情投意合，于是草草交拜，结为夫妇。县官也有一女，但不便亲自出马拉婿，只好由太太扮成巡城官代劳。李玉出城时，被她一眼看中，即被押解回衙。彩凤发现李玉失踪，女扮男装外出寻找，也被拉婿者当作对象。县衙里张灯结彩，宾客盈门。王员外忽然发现新郎乃是李玉，声称李玉是自己的女婿，即和县官发生争吵。这时堂鼓敲响，原来是三位老人为争夺彩凤为婿告到衙门。县官升堂理案，李玉与彩凤在公堂上不期而遇。李母为寻找儿子，也由张宣陪同前来告状。公堂上一片混乱。钦差驾到，升堂代审，他嫌弃彩凤系卖艺女子，不能入选，却成全了李玉与彩凤的姻缘。

在川剧原作《拉郎配》中张彩凤乔扮武士寻夫，而在《抢新郎》中，夏梦则易装成秀才，打探张玉的下落。夏梦这次的小生扮相虽然少了一份健朗，却也俊逸非凡。

"明月正呀，正当头。对红烛欲说又害羞，今夕良缘天作合。劝郎且饮三杯酒。这第一呀，一杯酒。祝婆婆多福又多寿。洗手三朝入厨下，羹汤侍奉永无忧。这第二呀，二杯酒。祝郎君文光射斗牛。待到来年秋闱后，蟾宫折桂占鳌头。这第三呀，三杯酒。愿你我恩爱到白头。明月今宵来做证，生生世世结鸾俦。"

电影中，夏梦扮演的张彩凤含情脉脉地唱起了劝郎三杯酒。而在电影外，为了演好这几场戏，夏梦特地拜访了京剧名旦祁彩芬及自小学过京剧的老牌影星袁美云。此外，还有一场卖艺武戏"双刀对花枪"，夏梦同样拜师学艺，亲自上阵。说起来，她拜的这位师父可不简单，就是李小龙第一位北派师父、香港武坛影坛前辈——邵汉生。

李小龙出名后，大家只知道他跟随叶问学习过咏春拳。但鲜为人知的是，在李小龙武学启蒙阶段，邵汉生是他武坛生涯中的第一位正式的北派功夫老师。因为邵汉生亦节拳名家，对多种北派拳术均有极高的造诣，在来香港之前，便已精通罗汉拳、螳螂拳，后加入精武体育会，又学会了潭腿等拳法，并因拳艺超卓而留会任教，后移民至香港九龙城，边教人打功夫边从事影艺事业。1950年，他在香港加入成昌影业公司，集制片、剧务、演员于一身，1957—1963年，与关德兴合作摄制黄飞鸿系列影片七十多部，其中有三十多部由邵汉生担任主要角色，他所创立的罗汉操，传到新加坡，被视为国操。

在名师的指导下，夏梦功力见长。最终影迷们看到的是银幕上，以"打花鼓"开场的夏梦，舞姿婀娜、矫健，伴着柔婉、轻快鼓声的翩翩起舞，那眼风，那笑意，那起伏的身段，那美妙的回旋，美轮美奂。而那场"双刀对花枪"的武戏中，夏梦亲自上阵，身段、功架的把握很有分寸，她和演对手戏的李清左挡右砍，上下翻腾，枪枪到肉，默契十足，可见下了一番苦功。

1958年9月3日，《抢新郎》在香港首映，首轮在普庆、利舞台放映五天，高踞港九首轮戏院卖座纪录首位，两院最后一天的总收入达1.4万元，是92家西片戏院一天总收入的42%，后来在国泰快乐戏院连续公映二十多天，叫好又叫座。此后，《抢新郎》在北京上映，轰动京城，当时更有"满城争说《抢新郎》"之势。据统计，截至1960年，《抢新郎》在国内总共放映21114场，观众1443.4万人。

随即,《抢新郎》的热浪席卷国外电影市场。在新加坡,《抢新郎》由邵氏公司代理发行,并在 1958 年 10 月 18 日于首都戏院半夜场试映。值得注意的是,国泰机构的三家戏院,还正在热映夏梦另一部疯狂喜剧《眼儿媚》。接着,电影在 30 日于青山戏院正式上映,票房火爆,万人空巷,连映一周以后,观众达七万人次。11 月 6 日,"邵氏"接着安排《抢新郎》于"东方"、"大光"、"乐斯"三院一天 12 场献映,一直到 11 月 16 日才下线,前后共放映了 17 天。

有影迷依然记着当时万人空巷的场面:"故事发生在 1958 年,那年我八岁,刚上小学二年级。夏梦主演的影片《抢新郎》在沈首映,母亲是影迷,自然不想错过这部香港喜剧片,首映当晚便带我去影院购票,不料周边的东北、文艺,票均售罄;母亲不甘心,又领我跑了好远路赶往北市,记不清是坐有轨还是步行去的。当我们气喘吁吁走到影院,结果还是爆满,人民、群众连夜场的都没有了。倔强的母亲仍不肯放弃,功夫不负有心人,终于在亚洲电影院买到了午夜 12 点的加场票。"

伴随着电影的成功热映,电影里朗朗上口的插曲《打花鼓》、《三杯酒》也红遍大街小巷,尤其是在中国内地流传甚广，至今还能见于不少老歌片中，而夏梦自此又多了一个雅号，叫作"七彩美人"。

其实，不只《抢新郎》，夏梦的多部电影在新加坡等东南亚地区反响火热。例如电影《眼儿媚》，原名《我的干爹》，是有着1930—1940年代流行于好莱坞的带有疯狂元素的喜剧。1958年2月22日至27日，《眼儿媚》于"丽都"、"仙乐"两院首轮联映，首场作为赞助《华侨日报》救济贫童基金的活动而进行义映。上映期间，笑声震院，报章一致好评，认为夏梦开创了新戏路，且题材新颖，不单在拍摄上套用很多西方喜剧元素，而且大胆地把夏梦端庄贤惠的形象改为跳脱开朗、有独立思想、充满现代感的女子，令人耳目一新。

而随后拍摄的电影《甜甜蜜蜜》也是大旺收场。这部由朱石麟指导的疯狂喜剧讲述的是一对新婚夫妻由对爱情的承诺引发了一连串误会，闹而不乱，显示出编剧导演的用心和细致。电影中，傅奇饰演的男主角张明阳与夏梦饰演的丁慧兰新婚燕尔、恩爱非常。但是，新加坡的旧情人表妹突然到访，请求明阳帮助她寻找失散的丈夫。明阳为避免重蹈岳丈遭吃醋岳母纠缠不休的覆辙，只好诡称表妹是同事的情妇，惹来众太太疑云阵阵。慧兰得悉真相后，助表妹寻回丈夫，并揭穿了明阳的谎言。

1959年1月初,《甜甜蜜蜜》相继在新加坡和泰国曼谷首映。其中，新加坡三院联映13天。泰国曼谷新瑶宫大戏院连映16天后，转移到黄桥戏院放映，直到春节期间才"下画"。1959年2月11日,《甜甜蜜蜜》在香港春节档期于"国泰"和"快乐"两家戏院首轮放映，连映18天，成为春节黄金档最卖座的电影。时隔半个世纪,《甜甜蜜蜜》的喜剧魅力依然不减当年。2012年7月,《甜甜蜜蜜》在北京中国电影资料馆"国片专场：婚姻物语专题"系列中首次在中国内地放映。放映期间，全场笑声掌声不断！夏梦精湛的演技和迷人的脸庞，再加上朱石麟趣味横生的调度，使《甜甜蜜蜜》征服了京城的年轻观众们。

长城电影公司的电影在国外引起巨大的反应，尤其是夏梦更是成为国内外影迷追捧的对象。1959年11月，就在夏梦刚拍摄《同命鸳鸯》时，长城公司接到了来自新加坡报业联会和新加坡自治邦文化部的邀请函。

面对这封千里迢迢而来的邀请函，夏梦一点儿都不意外。因为自1949年以后，新加坡一直是香港许多"国语片"首映的地点，不仅包括夏梦的绝大部分作品都是在新加坡首映，连"永华"、"长城"、"电懋"、"邵氏"、"凤凰"为首的大公司，以及"新华"、"自由"、"桃源"、"新新"等公司出品的电影都不例外。

1959年11月28日，南洋第一中文大报《星洲日报》，在国内版的显著版位，刊登了夏梦、石慧、陈思思、李嫱、傅奇、平凡的照片，率先披露了一个消息：各报主办效忠周游艺会，长城公司六大影星，受邀来星参加演出。第二天，《南洋商报》也在国内版刊登了照片，确认了日期，以"长城四公主，下周二飞来新加坡，傅奇平凡同行"为标题，详细报道了其中详情。就连素来只关注好莱坞电影、偶尔报道"自由世界"中文电影的南洋第一英文大报——《海峡时报》竟也在国内版刊登六位明星的照片，报道了"长城"明星受邀参与元首就职大典和"效忠周"的演出。"长城"明星此行，也将协助当时新加坡自治邦文化部筹募建立国家剧场的基金。

作为新加坡这次国家级盛会唯一受邀的外国团体和电影

界代表，长城电影公司当然不敢怠慢。经过一番慎重考量和讨论后，长城电影公司做了决定，任命当时的总经理周康年为领队，率领夏梦、石慧、李嫱、陈思思、傅奇、平凡六大当家明星应邀南下。一般来说，当年上海或香港明星莅临登台，不外是配合影片公映宣传之旅，或者商业演出。可是，长城电影公司的六位当家，这次受邀出席的，是属于国家级的文化盛宴。

如何为新加坡的影迷们献上一场精彩绝伦的视觉盛宴呢？

长城电影公司的当家小生、花旦们特地为这次南下之行费了不少心思。他们为四场大会演排练了不同的节目，从舞蹈、歌唱、魔术等一一认真而严肃地筹备。虽然当时大家行程都很满，都有拍片通告，忙得不可开交，却依然以最高的热情和效率认真排练。夏梦为了这次表演，可说是"文武双全"，积极排练羽扇舞之际，还同演员平凡排演《抢新郎》中学习的"短刀耍花枪"，以及魔术表演。

其实，对于影迷来说，只要能在现场一睹明星风采，就已经很兴奋了，但是为了呈现一场真正有水准的文化表演，包括夏梦在内的六位大明星，每天挥洒汗水，辛苦排练。他们把这次访问和演出，视为严肃的责任和工作，付出了最大的辛劳和诚意，来回馈新加坡和南洋影迷的热情拥戴，无愧于自己的艺术良知和使命。而夏梦、石慧、陈思思、李嫱这四位"长城公主"，更为置装打扮费了不少心思，作为远赴南洋文化大使，她们务必保持以最佳的形象和状态。

迈入12月，新加坡之行已近在眼前，原定于12月1日晚乘搭国泰航空起飞的行程，不想却戏剧性的波折重重，两度受阻，差点儿无法成行。原定抵达新加坡的日子，巴耶利峇国际机场里聚集了大批新加坡和马来亚的影迷观众，他们彻夜守候在机场各处，只为了第一时间目睹明星的真容。看到班机延误的消息一再传出，大家的心情频频交织在希望和失望之间，起伏不安。此前，各大中英报章、电台已纷纷发布消息，隔天晚上9时30分，长城公司明星将旋风式地从机场直奔快乐世界体育馆现场，和影迷观众打招呼。然而，时间过去了，节目也结束了，现场观众望穿秋水，始终没见着夏梦及各位"长城"影星的驾临。

直到第四天凌晨5时40分，飞机终于抵达了新加坡。闻风而至，留宿守候的男女影迷，十分踊跃。现场更有女影迷们穿着风衣，或手持冷衫不惧刺骨晨风，为的是一睹明星风采。当长城电影公司的明星们抵达后，原本寂静清冷的机场，喧哗声此起彼伏，热闹异常。第二天新加坡《南方晚报》的标题就成了《长城四公主姗姗来迟》。

关于长城四公主姗姗来迟的原因，领队周康年通过记者会，向各界影迷和主办方表示歉意，并说明了原委。原来，因为香港移民局的手续迟迟未能办妥，一直到12月2日下午1时半才获得批文，但已为时过迟，当日机位已满，唯有将启程日期展延至3日中午3时起飞。殊不知在起飞之前，又遇到飞机障阻，和天气不佳之因素，一直延至晚上11时才得以起飞。

不过这一点都不妨碍新加坡影迷的热情。当天国泰机构旗下国际影片发行公司经理俞普庆、国泰克里斯片场导演易水、长城公司驻新加坡代表郭子超等，一早就到机场接机。进入贵宾室后，媒体记者们早已守候，而国泰片场的南洋华人明星胡姬、陈濛、潘恩等，纷纷向夏梦等远方的客人献花。

1959年12月4日早上9时，周康年率领六位明星，前来拜谒新加坡总理李光耀。当时，新加坡政要首长接见电影明星，这还是头一遭，身着一袭粉红色旗袍的夏梦难免有些紧张，好在李光耀很平易近人。他亲切地同长城明星们握手问好，笑称："今晚新加坡影迷的热情，会比新加坡的天气还热。"提到航班误点一事，李光耀还打趣地说，昨日因为班机的延误，让上万观众大失所望。夏梦、石慧听罢，纷纷异口同声地表示由衷歉意。

当天下午，长城明星一行六人来到有"海外第一所中文大学"之称的南洋大学，即如今的新加坡南洋理工大学，并出席了南大戏剧会的欢迎会，与戏剧组同学交流。得知长城明星到访，学生、老师们蜂拥而至，使素来平静的校园，掀起一阵波动。南大文学院大楼前的每个窗户，都挤满了看明星和看热闹的人头，更别说尾随而来的一票追星族。虽然只是来去匆匆的半小时，但是足见长城明星们的号召力。

而长城明星此次南下之旅的重头戏便是当天晚上的演出。

不料老天不作美，在晚会开始前的一个小时，一场大雨倾盆而下。好在这突如其来的大雨并未浇灭影迷们的热情，已经购票的纷纷进场，没能买到入场券的竟也穿着雨衣、打着伞，在场外恭候着。演出地快乐世界体育馆一时间被围得水泄不通，这座富有历史性的体育馆，里里外外，人山人海，聚集了超过六万名肤色各异的观众。

夜幕刚刚降临，夏梦、石慧、李嫱、陈思思、傅奇、平凡六大当家明星粉墨登场。节目即将开始时，大概有人过于激动，意欲冲上前来，遂发生了推撞，陷入一片混乱。幸好时任新加坡自治邦国家发展部部长的王永元，通过演讲和指挥，控制了现场的气氛。终于，在千呼万唤之下，长城明星们的表演正式开始。

夏梦首先和观众见面。她一袭黄金色典雅大袖衣，头钗展翅金凤挂珠，衔珠摇曳，发髻配着一朵粉色小牡丹，双手执持两把绿羽大扇，婀娜多姿地来到舞台中央。她宛若天外仙人，艳惊四座。在中国古典乐声中，夏梦舞动了羽扇，翩翩起舞，时而卧云，忽而羽扇半掩，千娇百媚，不可方物。如雷的掌声，频频把音乐淹没。不过几分钟的演出，夏梦曼妙优雅的舞姿，深深地烙印在观众们的脑海里。

随后，夏梦和平凡表演了"短刀对花枪"，这是两人合演的《抢新郎》里的经典戏码。夏梦耍着一双短刀，一闪一避，姿态矫健，动作优美；平凡握着长把花枪，毫不留情地对夏梦刺去扫来，使得观众大感紧张刺激，又起伏不安。不想夏梦接着一个压砍，把平凡打个正着，滚到地下，表演得轻松活泼。当两人一起致谢礼时，又赢得狂热的掌声。

而素有花腔女高音之称的石慧演唱《草原情歌》和《百灵鸟，你这美妙的歌手》，陈思思和傅奇表演舞蹈《男欢女喜》。节目结束后，在场的数万观众，依然恋恋不舍地在广场流连，有的希望再睹明星风采，不想夏梦、石慧等人连戏装都没换，静静地从政府大厦后门离开了。

为期十天的新加坡之行，长城明星代表团十分奔波。除了体育馆的演出外，他们还应邀客串新加坡自治邦国家电台在国家羽球馆的缤纷文艺之夜，为建立国家剧场筹款。此外，作为压轴嘉宾，再度参与"效忠周"最后一场人民艺术联欢晚会，由总理李光耀亲自主持。

在人民艺术联欢晚会现场，夏梦代表长城公司为联欢晚会致闭幕词。偌大的舞台中央，身着深色旗袍的夏梦在万千观众面前，用婉转动听的声音缓缓地说："'长城'影人能参加新加坡国民的效忠演出，感到非常兴奋。到了新加坡和马来亚，看到了多姿多彩、各大民族的文明，我们相信马来亚文化，一定蓬勃发展，新加坡前途无量！我们演出的节目，都是在匆忙中准备的。如果演出有一点小小成绩，这都是观众给我们的爱护和鼓舞。美丽的新加坡，热情的新加坡人民，给我们留下非常深刻的印象。最后，我谨代表长城电影公司，向新加坡政府，文化部，和报界的朋友致敬意，并向亲爱的观众致意！"

糯糯的吴音软语刚落下，另一种流畅的语言随即响起。原来，想要入乡随俗的夏梦用马来文将致谢词重述一遍，口音虽然不太纯正，但说得激情饱满，完全出乎大家意料。当致谢词完毕后，夏梦紧握着麦克风，激情昂扬地喊起新加坡国家格言："Majulah Singapura！（前进吧，新加坡！）"全场观众献给夏梦经久不衰的掌声。

在响彻云霄的掌声中，石慧的钢琴演奏开始了，她奏起了一首明快的古典乐，让现场观众惊叹。奏罢，陈思思穿着维吾尔族姑娘的服装，俏丽地跳起了新疆舞。最后，石慧、李嫱和平凡演出了集歌、舞、说白于一体的音乐剧《拾棉花》，精湛的技艺征服了观众，为"效忠周"最后一场大型文艺晚会画下完美句点。

长城明星团的精彩演出，给新加坡影迷们留下了极其深刻的印象，而且有记者采访夏梦时给予了高度的评价，称其是"每个影迷心目中华贵明星的典范，她有着足以使年轻女孩羡慕的仪态和自信"。

在新加坡的十天，城里城外，上至政要，下至百姓，人人争说"长城"明星；大小媒体，从号外特刊，到电台广播，更是追踪"长城"明星在狮城的动态。长城明星团所到之处，影迷和追星一族也闻风而至，乐此不疲。连夏梦和同事所居住的东海大酒店外，时常守着"看明星"的影迷，希望一睹明星们的风采。光酒店的外篱，就被影迷推倒了两次。

更夸张的是，有一天的行程是长城明星团一行人前往《南洋商报》和《星洲日报》总社参观，但这次参观事先并没有在媒体披露，不料行至附近被人们看到，就这样一传十、十传百,一时间,报馆街罗敏申律街外,挤满了数百影迷和看热闹的人们,道路阻塞,水泄不通。结果只好出动数十警力,维持秩序。当他们离开报馆时,寸步难行,最后由报社守卫和职员们,联手筑起一道人墙开路,才得以驱车离去。

面对影迷们的热情,夏梦十分感恩。回港后,她在《新中华画报》给新加坡影迷写了一封公开信:

今天算来,我和大家分别刚好两个月。两个月的时间不算多,然而在我的精神上,仿佛儿童时代突然度过新年似的不舒服。说真的,我在新加坡十天,跟幼时过新年一般的快乐,快乐的日子,谁不留恋呢?因此,我离开新加坡之后,心中惆怅,迄今未已。

是什么原因让我这样快乐呢?我会毫不犹豫地说:是你们那股无可比拟的热情。亲爱的朋友们!你对我们太好了,你们对待远方来的客人那种关切与爱护的心情,时时在你们的言语和动作中流露出来,使我深深感觉到,新加坡人们实实在在的谦谦君子之风。你们的盛情热爱,鼓舞了我们,每一念及,精神变得立刻振奋起来。

这使我们感到惭愧，惭愧的是，我们力量太薄，贡献太少，以及所能停留在贵地的日子太短。当大家准备归来那天，每个人都有依依不舍之色，如果这说明了彼此的友谊增长，那么，你们是占有了更重的分量。我们一路上，带着激动的感情互相讨论，为了表达我们的谢意，只有在工作上努力，拍更多更好的影片。

第六章
暗潮・
急流勇退

如梦令

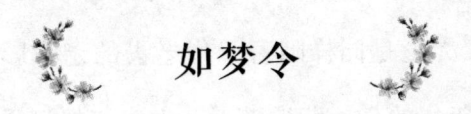

"南洋天热，天花板上吊的几把大风扇转得慢，一圈一圈吹掉不少暑气。少年同学都爱喝汽水，我喝甘蔗水，清冽，甘润，像银幕上的夏梦。"

夏梦从影 65 周年纪念时，散文家董桥为出版的纪念画册写序，题为《如梦令》。红遍整个大中国，甚至红遍南洋的夏梦，在文人的少年记忆中，果然是炎热夏日里的梦，清冽、甘润。

2014 年 11 月，夏梦从影 65 周年的纪念活动在上海电影博物馆举行，主办方为这个活动取了个诗意的名字——"还记得年少时的'梦'吗？"

年少时的"梦"是最美的西施、是中国的奥黛丽·赫本；

年少时的"梦"是银幕里遥不可及的美轮美奂，是明星画报上夺人眼球的明眸皓齿。一个甲子过去，我们依旧记得年少时的"梦"，无论是同样随着年华老去的老辈影迷，还是任由时光邂逅年华的新一辈追随者，大家依然记得，这位名唤"夏梦"的女明星，编织了无数令我们怦然心动、念念不敢忘的梦……

那一晚，已经83岁的夏梦依然是高贵典雅的模样，只是由于年事已高，走路的时候需要有人搀扶。可她还是依然很高兴，因为这一晚汇聚了太多的久别重逢。那一晚，能容纳百人的艺术影厅里座无虚席，连通道都挤满了人。

香港导演许鞍华更为此事专程从香港飞来，她于1982年拍摄的《投奔怒海》正是夏梦投资制作的，谈及当年的合作，许鞍华感慨："她的美丽，我是无法学的，她的智慧，我也不及十分之一。"

此外，秦怡、王文娟、叶辛、吴思远、曹景行、佟瑞欣等许多文化名人也在挤挤挨挨的人群里化身影迷，不为别的，只为谈谈旧电影、聊聊当年情。

当 92 岁的秦怡和 88 岁的王文娟把手轻轻地与夏梦交叠，这个 82 岁的"小妹妹"竟有些动了情、动了容。同样白发苍苍的于蓝回想起 1957 年和夏梦一起受到周总理接见、留影中南海时，不由得感伤，因为那张经典的照片上，只有于蓝和夏梦健在了。

感慨良多的还是夏梦本人。阔别多年，重回出生之地上海，老朋友待她如初见，而影迷们更觉惊喜，从来只觉银幕上斯人如天仙下凡，袅袅婷婷，怎知睽违多年，一身素色难掩光彩。

纪念活动当天，电影博物馆特意放映了夏梦主演的越剧电影《三看御妹刘金定》，勾起台下老艺术家王文娟的一段回忆："60 年前我们初见，印象中夏梦言语不多，一开口就是跟我们探讨越剧身段、唱腔。"小半个月的相处，王文娟对这位港岛来的女影星刮目相看，"她好像从不把自己当明星，只想做一个称职的演员"。

同样塑造过大批银幕女性形象，秦怡则这样描述自己对夏梦作品的怦然心动："它们就像驶往过去的列车，让那些美好变得生动又鲜明,叫人强烈感受到电影的蓬勃生命力。"

在秦怡看来,找来夏梦,回顾历史,是为定格瞬间,征服时间,"会会老观众,放放旧电影,有时候回头看看过去,可以更好地出发"。而在夏梦不善言辞的表达里,回到上海见见老朋友,只因:"我与秦怡还有谈不完的话,我们还是在一条线上。"这条线,便是中国电影的传承一线。

面对众人的提问,夏梦从始至终惜字如金;面对众人的赞美,她总是说"弗好,弗好",只觉得自己是个成绩普通的人。

这句意为"不好,不好"的上海话,夏梦自从影的最初一直讲到了现在,从18岁到83岁,这期间即使是在事业的辉煌期,她一如既往地低调、少言、欲望少。

2014年,距离夏梦处女作《禁婚记》上映已经隔了65年,在夏梦不长的十余年电影生涯中,她一共拍摄了四十多部电影,每部电影便是一个境界,构成了中国电影史上不可缺少的华章。

从影初期，夏梦应承了前辈李丽华的戏路，专门出演初嫁人妇的小娇妻，纵使当时仅是刚刚成年的岁数，倒也把都市少妇的娇媚和干劲展现无遗。待到资历稍长，夏梦也尝试着挑战自我、拓宽戏路，而这第一次的转型便是从出演反派角色开始。

1953年8月，夏梦参与了李萍倩社会讽刺闹剧《都会交响曲》的拍摄。这是一部具有讽刺当年香港拜金主义的电影，由傅奇扮演的穷光蛋余也人受尽白眼，只有由乐蒂扮演的爱人方阿珍时加帮助。但世事难料，余也人竟然中了马票头奖，这个消息在人群中掀起一阵波澜，人们争相奉承巴结他。

房东太太过去因为余也人欠她的房租，把他逼得走投无路，并阻止其养女阿珍与余也人相恋；如今不但不要房钱，还要将阿珍嫁给他。老同学钱万通和由夏梦扮演的情妇南茜在过去余也人前来求助时，将其拒之门外，后来不仅与余也人称兄道弟，而且还请他担任自己公司的董事长，南茜也向余也人发起进攻；过去向他下过逐客令的人，如今前来送礼拉交情；过去对他很不客气的远亲，如今也来攀亲，连服装店老板也主动来请余也人赊购衣服。各方势利之徒争相，扰攘一番后，却发现马票原来是去年的。电影通过喧闹的滑稽形式，戏谑了社会上嫌贫爱富、损人利己的丑陋嘴脸，也反衬出主人公善良、正直的好品质。

在此之前，夏梦所饰演的角色，无论时装古装，都是积极向上的正面的人物。此番浓妆艳抹，换上性感晚装，点上梦露般的销魂痣，化身诡计多端的交际花南茜，烟视媚行，在电影中出演反派角色还是头一遭。

而在戏剧大师曹禺的名剧《日出》中，夏梦出演了风情万种的交际花陈白露。1955年9月，产假复出后的夏梦，立即投入到《日出》的拍摄工作中。《日出》由胡小峰和苏诚寿联合导演，演员阵容亦十分豪华，除了夏梦饰演的陈白露，还有傅奇饰方达生，冯琳演顾八奶奶，乐蒂演小东西，乔庄演胡四等。

因为陈白露是扬名欢场的歌女，原著中不仅需要唱歌、跳舞，还要有叼烟、吸烟的镜头。先说这舞蹈，剧本里面原是要跳舞的，公司请了一位老师教夏梦跳伦巴和恰恰，后来电影公司觉得她形象正面，不好跳这些舞，所以就剪掉了。

唱歌的镜头倒是保留了，电影里夜总会的一幕便是灯红酒绿下，夏梦饰演的陈白露一袭性感礼服，乍醉还醒，走向了台前，伴着乐队音乐，唱起了金迷纸醉的《醉舞曲》。最难的要数吸烟了。

后来，夏梦回忆起学习吸烟的往事时，坦言"我不会抽烟，像《都会交响曲》，摆个姿势也就应付过去，但是《日出》不同，她（陈白露）在电影里有很多叼烟、吸烟的镜头。我怕自己演不好，也只好看着学，临摹吸烟的各种姿势。"连夏梦的丈夫林葆诚都说，为了演好陈白露的角色，夏梦在家里经常拿着烟斗，到片场也叼着烟，一直在那儿琢磨着、把玩着，费尽心机。

难怪夏梦自认为《日出》是她演员生涯中最大的挑战，因为她没有剧本里描绘的那种生活体验，所以很觉吃力。好在功夫不负有心人，夏梦扮演的陈白露浓妆艳抹，时而风鬟雾鬓，时而溜光水滑，华丽闪耀在颓靡的空气里，骨子里流露的是无可自拔的悔恨和惆怅。以至于电影中，陈白露回首起堕落风尘前的美好时光，她回到了乡下，想找回失去的纯真年代，却愕然发现她已经回不去了，观者无不为之动容。

对于原作者曹禺而言，夏梦的表现也是可圈可点的，如今位于天津市意大利风情区民主道23号的曹禺故居里，还摆着《长城画报》第56期内页照片，照片中是手握长烟斗的窈窕摩登女子，正是夏梦扮演的交际花陈白露的造型。

除了颠覆形象的演出交际花角色外，夏梦还沉住性子，挑战走心的角色。1955年12月，当《日出》在新界拍完最后一组外景戏后，夏梦又马不停蹄地加入接下来两部作品的拍摄中，这两部电影都由导演朱石麟掌镜。一部是"长城"出品的《新寡》，夏梦首次和鲍方合作；另一部则是属于"凤凰"的《新婚第一夜》。"长城"让首席当家花旦夏梦和小生傅奇跨刀"凤凰"，还是头一遭。

在凤凰电影公司开拍之前，制片人韩雄飞和朱石麟都认为夏梦是电影《新婚第一夜》女主角的最佳人选。于是，韩雄飞和长城电影公司接洽，而经过一番协调后，长城电影公司同意傅奇、夏梦和石慧在凤凰电影公司的名义下拍片，而朱石麟也会在长城公司名义下当编剧、导演，而两边的其他演职人员，也可以相互借用合作。

《新婚第一夜》讲述的是清明上午时节，梁绍宗利用春假随父亲梁道宗归乡扫墓，住在孀居的姑母家中。姑母只有一女，名叫林芬，青梅竹马的表兄妹见面，分外高兴。时值军阀混战，战火殃及林芬家乡，林芬惨遭奸污。不久，道宗将林芬母女接进城，准备为绍宗和林芬完婚。林芬心存不安，将所有的情况写了一封信给绍宗，不料信被绍宗的弟弟藏起，林芬以为绍宗已经了解了情况，并且能够接受，于是同意结婚。新婚之夜，道宗无意中看到了这封信，大怒，执意退婚。但绍宗了解了事实真相后，依然带林芬离开家庭，去开创新的生活。

在电影里，夏梦饰演的林芬所处时代的少女情怀是夏梦所不熟悉、不理解的。为此，她读了好多有关军阀时代的少女的书，为此又向祖母和姑母等长辈们请教她们对女子贞操观念的看法，了解这种妇女的情况，把女主人公受辱的悲痛、坦白的焦虑、被揭穿的不堪演出得淋漓尽致。

《新婚第一夜》于1959年9月11日率先在香港国泰戏院和九龙旺角域多利戏院试映，反应热烈。

不止是香港,《新婚第一夜》在上海上映时也引起了一阵热潮。著名电视主持人曹景行便回忆当时的盛况:"记得上初中的时候,一天校长和班主任大发其火,原来班上有同学逃课通宵排队购买新上映的香港电影门票,其他班级也有。学校专门派人到电影院门口把他们拉回来。一些厂里的'青工'也调休或请病假去买票。一些香港片赚人热泪,另一些则叫人大开眼界,影迷争相模仿剧中人物的打扮。上海滩理发店的老师傅一定不会忘记,有一年,成群少女到店里指定要做夏梦在《新婚第一夜》里的那种头发⋯⋯"

《新婚第一夜》,开启了长城和凤凰两家电影公司的正式合作,凤凰向长城借用夏梦、石慧、傅奇三个最有名的演员,通过石慧带高远,傅奇带朱虹等,以传帮带的形式培养出了演员,帮凤凰电影捧出了两男两女。

事实上,当时凤凰电影公司的情况并不乐观。公司穷到要演员自己拿服装、拿首饰出来,不要公司买服装。后来拍彩色片,晚上灯光不够,没有5000瓦的灯,就向长城电影公司借。甚至连影片中家具、小道具也要向别人借。例如朱石麟家里的沙发经常没用,剧组的人说:"朱先生,您的沙发明天拿到厂里去了。"朱石麟就说："好，你拿吧。"他家里的客厅就没了沙发，用来拍戏了。

当然，凤凰电影公司的窘境并未让它流失好演员。凤凰电影公司的当家花旦朱虹被《长城画报》选为十大明星之一，因为其拍摄的电影《金鹰》公映后，曾轰动一时，成为1963年首部卖座突破百万大关的香港影片，于是，有人开玩笑地称呼朱虹为"朱百万"。20世纪60年代初，香港规模最大、实力雄厚的某电影公司，曾派人做说客向朱虹表示，愿以优厚的酬金，请她拍一些A级大部头影片。在一切以金钱为中心的香港，这是个很诱惑人的名利双收的机会，也是一些电影明星所日夕祈求的。当时不少人认为，朱虹很可能要离开凤凰公司。但是，朱虹并没有离去，她是个尊师重道、饮水思源的人。她认为公司对她悉心培养、格外重视，许多编、导、演对她爱护备至、情同家人，这种难能可贵的情谊，是十分值得珍惜的，怎能为了名利遽然而去？朱虹婉言拒绝了邀请。从此，人们不但夸奖她的精湛演技，对她这种崇尚情谊的品德，也表示十分钦佩。

无独有偶，夏梦、石慧、傅奇每年也都会收到一个信封，有不少钱，是其他公司要挖角的酬金。但是他们不去，愿意留在长城电影公司，因为他们没有想着挣大钱，只想着左派电影事业欣欣向荣。

与《新婚第一夜》同时开拍的还有电影《新寡》。这部戏的剧本改编自《新晚报》备受欢迎的连载小说，长城公司从作家那里购得摄制权，并交由朱石麟编导。电影讲述的是方湄的丈夫沈逸才去买结婚周年的礼物，不幸意外身亡，方湄内疚不已。沈逸才妹妹沈文娟的男友乘机挑逗方湄，方湄坚决地拒绝。沈逸才的母亲认为方湄和沈逸才的好友刘时俊有不正当关系，经常横加指责。方湄开始时软弱，逆来顺受，后来坚强起来。沈母发现方湄已经怀有遗腹子，想挽留住她。但为时已晚，方湄决心自己独立生活。

接到剧本后，夏梦一口气读了好几遍，便爱上了主人公方湄这个角色。其中很重要的原因在于，与《新婚第一夜》里军阀时代的少女不同，《新寡》里方湄的身份、性格以及生长的时代都是她所熟习和易于了解的，至少脑海里有许多现成的典型人物印象，可以把她们糅合起来加以集中创作，不至于完全凭个人的想象加以摸索。影片中，夏梦能够掌握方湄的心理变化。刚开始是位小鸟依人的少妇，眼角洋溢着温馨之情；直到故事中期，无论是思念亡夫时的忧郁之貌，或是坐在大马路上那份无助的神情，处处流露出她徘徊在求生与否的内心挣扎；直至故事后期她敢于反抗沈母和张大卫的无理行为之时，她的眼神是如此坚定不移，最后她凌厉地凝望沈母的眼神，是全剧中从没出现过的，表示她离开沈家的心意已决，再不会回头了。夏梦在掌握感情方面不愠不火，恰到好处，她只是一个眼神，也能让观众与她同声一笑、哭和怒，用心演绎一位起初被视为弱者的少妇，如何蜕变成一位让观众鼓掌的坚强女性。

在影片开拍过程中，导演朱石麟为夏梦提供了很多宝贵的意见，因为他一开始就对剧本的改编不甚满意，于是常常在场上临时修改剧本，一个镜头一个镜头出，剧中的演员笑称这部戏就像出"蛋挞"一样。好在朱石麟本事了得，拍出来节奏顺、效果好。

相比于如今横行银幕的讲述婆媳关系的家庭伦理剧，电影《新寡》里，婆婆和媳妇斗智斗勇的场面别具一格。它属于典型的情节剧，描写婆媳之间的矛盾冲突，集中而鲜明，有着极强的戏剧性。人物类型善恶分明，这种恶婆婆与善儿媳的戏剧模式，弥漫着的人伦道德，从影片中可以感受到来自20世纪三四十年代上海电影如《太太万岁》的影子，但又有着50年代战后中国的时代气息。

其实在《新寡》里，除了夏梦、傅奇和乐蒂外，其他演职员都是凤凰电影公司的班底，所以《新寡》在内地公映时，写的是凤凰电影公司出品，而在香港和东南亚公映的时候则以长城电影公司之名发行。1957年，《新寡》陆续在武汉、北京、天津等城市上映，叫好又叫座。第二年元旦，《新寡》在上海21家戏院正式分批上映，大受欢迎。当时《大众电影》在影评《走出旧家庭的牢笼》中，对夏梦的表演评论道："她演来平平稳稳，朴实无华，没有卖弄什么，却给人一种深深的哀婉之感，即使在最后坚强出走的一场，也并不是突然感慨激昂起来，只是在她特有的声音语调中，注入了几分刚强。"后来有上海观众给《长城画报》投稿，记录了《新寡》在上海首映的盛况："以《新寡》为例，人们争先恐后地拥挤在电影院门前，排队购票，即使电影开映了，尚有成百的观众在等待着，希望能买到一张退票。"

《北京日报》和北京人民广播电台联合举办了评选1957年最受观众欢迎的十部国产影片的活动，一万七千多位观众参加了投票，《新寡》以7119票当选，排名第五位。郭沫若还为该片题字："向影片《新寡》全体工作同志致敬！这不纯粹是殖民地风光，这是封建家庭的形象。人的尊严放射着不朽的光芒！"

谁知只剩故园春梦

说到底，夏梦在凤凰电影公司只是借聘，她是长城电影公司的合约演员，更是当家花旦，长城电影公司自然给予她更多的自主权。在那个年代，制片厂制度下的电影制作，一般都由导演选择合适的剧本，然后和属意的演员洽谈。但是，自打奠定了其影坛地位后，夏梦成为少见的可以选择导演和剧本的演员。而在所有合作的导演中，夏梦属意的导演首推李萍倩和朱石麟，朱石麟的剧本又是夏梦的偏爱之作。在夏梦看来，李萍倩比较喜欢用短镜头，而朱石麟则爱用推、拉，出来的效果也不一样。推拉就是要慢一点，主要表达内心感情，李导演会让你自由发挥，而朱导演则有他的想法，他希望演员按照他的想法来表达。

虽然"长城"和"凤凰"的正式合作始于1956年初拍摄的《新婚第一夜》和《新寡》，但是早在1952年末开拍《花花世界》时，长城电影公司已经邀请朱石麟创作剧本，1953年末开拍的《姊妹曲》，朱石麟更是第一次跨刀为长城电影公司编导。朱石麟的编导对夏梦的口味，夏梦也有其他女演员难得的主动参与意识，她主动找来福建传统莆仙戏《团圆之后》的剧本，请朱石麟改编并导演了影片《同命鸳鸯》。

夏梦之所以会对《同命鸳鸯》感兴趣，实在是因为这剧情太跌宕了，电影讲的是新科状元施佾生的家庭悲剧。

男主角施佾生从小失去父亲，由母亲叶氏辛苦养育成人。表舅郑司成更是教导其读书识字考取功名。如今，施佾生金榜题名高中状元，加之经人做媒即将迎娶柳家小姐为妻，母亲又因守寡多年洁身自爱得到了皇帝御赐的贞节牌匾，对施家来说真可谓三喜临门。新婚妻子柳氏貌美如花、贤德有加，对婆婆叶氏更是恭敬孝顺，原本一家人应该过得幸福温馨，但突然发生的一件事却打破了这个家的平静。

婚后第三天一早，按照习俗新媳妇要开始操持家务。当柳氏路过婆婆房间时，恰遇表舅从婆婆房中走出。表舅满脸尴尬急忙逃走，婆婆也赶快关上了门。受到惊吓的柳氏在心情平复后原本不打算将这件败坏家风的事情说出去，但婆婆却因此而上吊身亡。

原来叶氏曾与表兄郑司成青梅竹马两情相悦，但叶氏的父亲却强迫叶氏嫁到施家为病重的施家少爷冲喜，新婚三天施家少爷便一命呜呼。很快，施家发现叶氏身怀六甲，便将她送往乡下。郑司成得知后前往乡下探望，方得知叶氏生下的男孩竟是自己的亲生骨肉。郑司成当即决定留下来以表舅的身份与叶氏一起抚养孩子，却从未向孩子透露他的真实身世。如今施佾生高中状元，皇帝御赐贞节牌匾，这便意味着这个秘密将永远被封存，叶氏也将永远不能和郑司成再续前缘。郑司成和叶氏考虑今后仍同住一处难免不方便，于是郑司成决定离开施家。临行前与叶氏道别，不巧却被柳氏发现。

施佾生无法接受母亲自杀的事实，声称要报官查个水落石出。柳氏只得向施佾生道出实情，如果被官府知道母亲与别的男人通奸，便是欺君之罪。考虑到丈夫的前程，柳氏决定冒死顶罪。她在公堂上自认顶撞婆婆招致婆婆想不开自尽，被判忤逆罪斩首。行刑前，施佾生遇到旧相识杜知府，急忙请杜知府说情留下柳氏的性命。杜知府感到其中必有蹊跷，于是将柳氏收押再审。

杜知府设计让施佾生与柳氏在牢中相见，偷听他们的谈话确定施家出了不可告人的丑闻。施佾生发现了躲在暗处的杜知府，自知事情败露，只得回家等待发落。郑司成从路人那里听说了状元太夫人自杀的消息，急忙赶回施家吊唁。施佾生在灵堂内听到郑司成的忏悔，对其恨之入骨，便在酒中下毒，频频劝郑司成喝酒。郑司成本也早已决定随叶氏而去，悄悄在自己的酒壶中也下了毒。当郑司成将真相告诉施佾生后，施佾生方才意识到自己毒死了亲生父亲。施佾生痛不欲生，喝下酒壶中的毒酒。此刻柳氏买通狱卒返回家中欲劝施佾生赶快离开，以免杜知府上报朝廷。却发现已中毒的丈夫，于是柳氏也喝下了余下的毒酒，随丈夫一同与公婆在阴间相会。

原本一桩小事，结果牵扯出了家破人亡的人伦惨剧，难怪当时夏梦看了一遍之后就对这部戏牢记在心，向朱石麟隆重推荐。这部电影上映之后，引起了各方热议，有评论就称这是把中国古典题材拍成了古希腊悲剧，弑父情节、大毁灭结局，呈现出迥异于中国传统戏剧的质感，将吃人的礼教以宿命的面貌展示出来，批判的力度可透纸背。

不过，如此悲剧在朱石麟的电影生涯中算绝无仅有，因为他对中国电影史的贡献在于他编写、导演了一系列深有影响的温情喜剧电影。不同于讽刺喜剧，温情喜剧注重世态描摹和道德鉴照，针对的是人性的弱点，其中蕴含的"讽刺"往往表现为一种较宽容的幽默。温情喜剧在战后电影市场表现得尤其充分，而其源头正是来自朱石麟。

而夏梦与平凡主演的电影《夫妻经》堪称"朱石麟最疯狂的喜剧"，在两性战争神经式的幽默里，朱石麟也把男女平等、夫妻和睦的主题带入故事中。电影里，平凡饰演的唐士敏是大男子主义，因为应酬等事，经常冷落并亏待夏梦饰演的静芬。为了驾驭丈夫，她最先来个"三从四德"地讨好，但唐士敏依旧如故。在蓝青的唆使下，静芬试图通过一哭二闹三上吊，引起士敏的关注，无奈让士敏发现，反而奚落一番。最后在老同学的献计下，静芬准备给丈夫来个大教训。在舞会上，静芬褪下家庭小主妇的面貌，一身光鲜亮丽的旗袍打扮，出现在舞会中。原以为妻子卧病在床、单刀赴会的唐士敏，看得是目瞪口呆。接着静芬满场飞，又是唱歌跳舞，又是魔术表演，刻意地冷落士敏。但是，最让士敏受不了的，是静芬和异性刻意表现亲密。

从新婚少妇到交际花，从考验演技的内心戏到解放自我的喜剧，夏梦的演技在一次次自我挑战和角色转型中得到提升，无论是文艺悲剧还是疯狂喜剧，都能驾驭自如。平心而论，夏梦的成功也离不开导演朱石麟的帮助，在他的雕琢下，《夫妻经》《甜甜蜜蜜》成为夏梦作品中的喜剧精品，建立了一如好莱坞1930—1940年代著名演员卡洛朗白和艾琳·邓恩在疯狂喜剧中所塑造的经典形象。

1964年，朱石麟和夏梦合作了电影《故园春梦》。两年之后，33岁的夏梦宣布息影，举家移居加拿大，当真只剩下了故园春梦。而朱石麟因脑溢血于1967年1月5日与世长辞，享年68岁。

第七章

物外·
再待他年山花插满头

在他乡，洗手做羹汤

你从哪里来，我的朋友，好像一只蝴蝶飞进我的窗口。为何你一去便无消息，只把思念积压在我心头，难道你又匆匆离去……

20世纪80年代，一首《思念》红遍大江南北。有人传言这是创作者乔羽见到夏梦之后，有感而发写就的。不知真假与否，但是夏梦确似一只蝴蝶，飞过江河湖海，抵达异乡。对于万千喜爱她的影迷而言，那可不是一去便无消息，只能把思念积压心头吗？

告别影坛，褪下大明星外衣的夏梦在他乡，回归平淡，甘当平凡少妇，洗手做羹汤。

在加拿大迁居的一年多时间里,夏梦生下了小女儿,也开始了相夫教子的生活。书香门第出来的大小姐对于家务难免有些生疏,而且家中有三个孩子需要照看。但是,夏梦却甘之如饴。18岁开始踏入五光十色的电影圈,辗转于各式各样的人物角色,15年来没有哪一刻像在加拿大这样,全心投入。

在离开香港时候,夏梦的保姆阿彩也一起同往,所以很多事情由她打点照料,夏梦的生活品质一点都不差,甚至在起居饮食方面与在香港时并无不同。

说起这个阿彩,可真是不简单。打从1960年夏梦的大女儿出生后,阿彩就成为服侍夏梦的贴身佣人,和夏梦年龄相仿,一直被当作自家人看待,连妹妹杨洁提及她时,都无不忌妒地说:"阿彩是夏梦家的宝贝,夏梦和我姐夫都很疼她的!"

虽然阿彩目不识丁,可却很聪明,林葆诚笑称,她要是大学毕业的话,那我们全部没饭吃了!每次夏梦和林葆诚出去吃饭,尝到好吃的,过后就带阿彩去吃。她吃了之后,回家在厨房自己琢磨,然后就炮制出来了。而且她还会说广东话、普通话、上海话、英语和菲律宾语,在厨房里都直接用菲律宾语和菲佣沟通。

有了阿彩的精心照料，夏梦的加拿大生活安逸自在，但是她的心里还是放不下香港的亲朋好友。平心而论，夏梦向来是一个有目标、有抱负、有事业进取心的女强人。加拿大的平静安逸，对盛年的她来说，未免是一种无情的蹉跎。

1969年初，夏梦带着女儿和阿彩，从加拿大低调地回到香港。至于林葆诚和大儿子，则留在加拿大，一是因为儿子求学，二是因为林葆诚必须打理在加拿大的生意。好一段时间，夏梦是经常往返香港和加拿大两地的。

可是，出走后的香港电影圈已不复往日辉煌。

抵不过对故土的想念，夏梦最终返回香港。刚回到香港，夏梦十分低调，甚至连原来太子道的旧居都没有回去居住。不过刻意回避也抵不过媒体的神通广大，当时不少报章杂志都相继刊登了夏梦返港的讯息。

听说长城大公主归来，各大电影公司早就按捺不住了。"邵氏"、"国泰"两大影视机构重金邀请夏梦复出影坛。"邵氏"派出邹文怀，和夏梦做初步接触，而邵逸夫还为此和夏梦通过电话；至于"国泰"，则传出高层通过夏梦好友、化妆大师宋小江的穿针引线，由董千里和俞普庆出面，和夏梦进一步接洽。其间，还谣传夏梦以不参加"自由总会"为先决条件，考虑加盟"国泰"的说法。

这些当然都是假新闻，因为夏梦是坚决不返回影坛了，但是，话说回来了，也不能总是这样辜负了盛年的光阴。于是，夏梦便和朋友合伙做起了生意。

夏梦把眼光投向了商业。她和凤凰电影公司当家花旦韩瑛联手，开办了规模不大的制衣厂，专做男人恤衫。一开始，她们只当练练手，从2000尺的唐楼开始。说起来，这是夏梦第一次涉足商场，可是却表现了惊人的潜力。十年的经营生涯里，硬生生将这个小小的制衣厂，拓展到业界翘楚，厂房也扩建到1.9万多尺。两个貌美如花的女演员，一点儿都不输混迹商场的大佬，把制衣厂搞得有声有色，连多年经商的林葆诚都佩服不已。

远离电影圈的夏梦似乎也能成为一道光环。的确，在那个年代，哪个貌美如花的老板娘都是有故事的女强人。在媒体记者的印象里，原本以为夏梦只是银幕里演技不俗的半个花瓶，岂知当当骨气？硬是在自己完全不熟悉的领域里开始新的历程，而且还打下了一片江山。细细想来，这幅绝美的容颜底下，到底藏着多少洪荒之力？又或者，无数翘首以盼的影迷们，要到此断了念想？任她自在当着又一个商场传奇？

重温旧梦

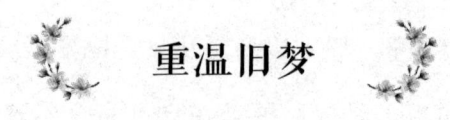

都说光影好似留声机，每个被记录的瞬间，在时光长河里便不容易消逝。哪怕曾经风靡一时的巨星已然退居幕后，但是他们的风华早已流传，迎着下一波影迷热切的盼望。恰若慵懒午后，倚着窗台，信手翻阅泛黄的老照片，一幕幕的声情并茂即可浮上心头。

1974年4月5日，电影《白领丽人》在香港重新上映。这是自1968年3月7日《迎春花》在香港新春档期首映之后，夏梦再一次登上香港戏院的大银幕。尽管只是重映，但是这部七年前拍的电影唤起了众多影迷们久违的记忆，这其中不仅是对昔日巨星夏梦的念念不忘，更是对以往繁荣电影市场的缅怀。

香港电影界只剩下邵氏公司独占天下了。盛于20世纪70年代的邵氏片，以其独特风格和时代烙印营造了一个巨大的电影系统，武侠奇幻、历史传奇、恐怖科幻、桃色风月、民俗奇谈、名著改编等无所不包，拍片总量达上千部。尤其以风月、暴力类型片居多，甚至连戏院之外常常挂着儿童不宜观看的牌子。

老电影重新出山，还引来了一票新观众。暌违多年，电影市场观众更新换代，《白领丽人》吸引了不少年轻的白领男女。这些新注入的观影力量很多之前都没看过夏梦的作品，只是从过期的电影杂志上，或是家中长辈那里见闻这位长城大公主的传奇，为领略夏梦的西施之美纷纷慕名而来。

看着银幕上，巧笑颜兮、顾盼生姿的夏梦，无论是新粉丝还是老影迷，无不既开心又难过。开心的是多年不见的夏梦，总算在银幕上又重演了一回如真似幻的动人故事，而难过的是这故事怎么也不会再有了，女神的模样只在这里定格，不见又一次的巅峰之作。

这段时间，夏梦依然和同演《白领丽人》的韩瑛一起经营着男性制衣厂。电影重映引发的热潮并未让这两位曾经的当家花旦停止创业的脚步。当然，影迷们追星的脚步同样不曾停止。

息影之后的十余年里，夏梦收到了不少观众的来信，他们在表达对夏梦的喜爱之情外，更是不惜用责备的口吻质问她为何不多演些戏？甚至还有资深影迷，把夏梦从影以来的剧目、剧评、照片，以至于戏院的演出说明书，极其详尽地搜集起来，贴成上下两册寄给她。事实上，连夏梦自己都是在影迷送达的这份沉甸甸的包裹里，清楚地知道自己从1950年第一部《禁婚记》开始，到1967年的《迎春花》为止，17年间共拍了42部戏。对退意已决的夏梦而言，这些关心、喜爱、祝福，甚至是质问与其说是欢喜，不如说是沉重的。因为即使她忘却了观众，可观众却没有忘记她。

其实，夏梦又何尝忘记了观众和影迷，她何时真的放下了对电影的理想呢？多年来，她已经不在电影界和水银灯下生活，可是影迷的关怀和热情，还是深深颤动着夏梦的心灵深处，而对电影的热爱，夏梦始终是埋藏在内心深处。

1978年12月18日至22日，北京召开第十一届三中全会，开启了改革开放的序幕，这一时期，处处都是新气象。远在香港的长城电影公司也正式发表文告，即将重映夏梦的作品。而这在香港正式重映的第一部作品便是《三看御妹刘金定》。

《三看御妹刘金定》最早是在1962年上映的，由李萍倩导演，是继《王老虎抢亲》后，夏梦的第二部越剧片。电影中，户部尚书封雷尚之子封加进欲睹御妹真容，乔装平民躲于神龛内偷窥，岂料被擒，封加进只好假称自己为张小二，凭三寸不烂之舌脱罪，临走前得见刘金定一面，二人一见钟情。

当初，为了演好这部电影，夏梦、李嫱、冯琳等剧中演员专程到上海越剧院进行集中训练，每天就像戏曲学院的新学生，刚开始的一个月以戏曲基本功为主。

1978年11月2日，《三看御妹刘金定》在"珠江"、"南华"、"南洋"、"银都"、"新光"、"华都"等戏院隆重上演，再度掀起一阵热潮。夏梦所饰演的刘金定魅力十足，尤其是在闺房中思恋张小二的场景，夏梦头戴凤钗，点翠凤挑，做念唱打之间水袖曼舞，刚柔并济，在轻盈灵动的韵致中，尽显女儿家初恋的细致情怀。

事实上,《三看御妹刘金定》首映时便引起万人空巷的热潮。1962年4月18日晚,《三看御妹刘金定》在复活节假期黄金档的仙乐、都城大戏院半夜场优先献映。电影试映戏票,早被抢购一空,而追星和看热闹的观众粉丝们,把戏院内外围堵得水泄不通,一片人山人海。当夏梦、李嫱、冯琳及"长城"编导们出现在仙乐戏院大堂时,立即被观众层层包围。从9时半开始,12本长的《三看御妹刘金定》于12时午夜播映完毕。满堂鼓掌,一片褒扬和赞美声。紧接着的首轮上映期间,《三看御妹刘金定》在仙乐、都城两大戏院天天高挂满座牌。售票处大排长龙,佳评如潮,越映越旺。由于观众的踊跃反应,戏院更是破例,连日预售三天门票,最后影片创下连满29天、首轮联映一个多月的惊人卖座纪录,风靡港九两地百万观众。据报道称,有的人更是连看了五六遍之多。

连大导演王家卫都难忘儿时看过的《三看御妹刘金定》:"我小时候住在尖沙咀,戏院都立场鲜明,看左派戏去'普庆',看台湾片去'民乐',看邵氏片就去'伦敦'。我爸爸经常带我去'普庆'看电影,有时也看到《甲午风云》这样的好片,那时看的内地片或左派片都是很严肃的题材，忽然看到一部《三看御妹刘金定》，女主角很靓，后来才知道她叫夏梦。我看夏梦的戏都是古装片，如果有人说乐蒂是古典美人，我觉得夏梦才是古典美人。"

《三看御妹刘金定》重映成功带动了一系列夏梦电影的"重出江湖"。后来，北京、上海等各大城市也相继上映不少夏梦的作品，如《抢新郎》、《三看御妹刘金定》、《董小宛》等，不少年轻观众，更是第一次领略了夏梦的银幕魅力。而在新加坡、马来西亚吉隆坡、槟城等国家和城市，通过综艺公司的安排，不少夏梦当年在长城电影公司、凤凰电影公司的名作，再度重新发行。

原本夏梦在内地已经拥有一大批忠实的影迷了。在20世纪50年代和60年代，香港左派电影公司出品的电影在内地极具影响力。中国电影发行放映公司1961年7月曾编辑出版了一个内部文件《中国电影发行放映统计资料汇编》，其中记载的最早的在大陆公开放映发行的夏梦作品，是1954年12月发行的《孽海花》，共制作22个35毫米拷贝，放映16347场，观众人数872.2万人次；1956年5月发行《绝代佳人》，35个

35毫米拷贝，放映21725场，观众人数1164.5万人次。这些作品在内地上映均要滞后于香港一年左右，且没有制作16毫米拷贝，显然基本上只限制在城市影院放映，不过场均观影人数都能达到500人以上。

不过，夏梦被内地年轻影迷们熟知还是在港片返回大陆重映之后，那时的夏梦，早成中华文化的稀缺资源。她所代言的传统佳人形象，不仅在红色大陆已成绝唱，就连现代化本地化进程中的港台也睽违已久。

从首映到重映，这中间隔着十几年的光景。但是这十几年的跨越以及几近两代人的代沟也丝毫没有减损夏梦的时尚。因此，人们再次惊叹于夏梦在《日出》中的盛年美艳，在《金枝玉叶》中玲珑娇甜的皇者风范。感受最深的，要数中国内地、香港、澳门和海外地区当年的观众，此番得以重温夏梦的风采，更是别有一番滋味在心头。

如此的别样滋味也涌上了夏梦的心头。告别影坛多年，未再接拍任何一部电影，却又有一大批影迷蜂拥而至。紧守制衣厂的夏梦埋头苦干，也无法对周遭的重映狂欢熟视无睹。

这种感觉太熟悉了，聚光灯下、摄影机前，曾经的自己大概未曾想过离开。但是，这一切又是那么的陌生，睽违已久，似乎这些欢腾是从几个世纪之外传来，听着不甚真切。纵使心中对电影有难以言喻的牵挂，可是水银灯下的生活，香港进步电影圈这十多年来的沧海桑田，同事朋友，这一切一切，都因为十多年的疏离，而显得格外生涩，分外的遥远。

春暖花开

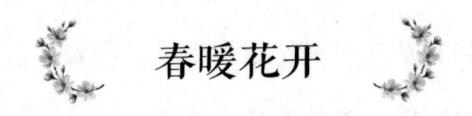

1979年的隆冬,北京城一片银装素裹,传统佳节的洋洋喜气把冬日行人归家的心映衬得暖意浓浓。这年的春节,夏梦和丈夫林葆诚也踏上了"归家"的路,时别多年,他们重回内地,赶赴京城。

犹记得上一次去北京,还是1966年的国庆,正值最热血贲张的骇人时刻,满大街的旗帜飞扬和激情高涨。十余年过去了,辗转的岁月里,夏梦和林葆诚在异国他乡里往返,时光在他们脸上留下足迹,也在曾经躁动的土地上落下了弥足珍贵的静谧。毕竟,动荡不安的年代过去了,时代的话语,已经渐趋轻松。北京民宅的春联,从那些年的豪言壮语,变得更有生活色彩。

夏梦和林葆诚这次回内地,主要原因是为了廖承志。原来,"四人帮"粉碎之后,时任人民代表大会常务委员会副委员长的廖承志,派了一位专人到香港找夏梦,规劝夏梦回归电影界。对于廖承志第一时间抛出的橄榄枝,夏梦又惊又喜。她坦言:"长久以来,我原以为他老人家已经把我忘记了,已经把我当作'星外人'了……不,这些猜想是不对的,全都不是事实。他老人家没有忘记我,而是把我当自己人看待。我经过几番思量,亲自去看望了廖公。"

1979年1月30日,廖承志和夫人经普椿会见并宴请了夏梦和林葆诚夫妇。看着老领导风度依旧,夏梦悬着的心总算放下了。席间交谈,廖承志一再衷心地希望夏梦回到电影界,并鼓励夏梦再度为电影事业做出贡献,还把中国电影家协会1979年新春茶话会的请柬递到了夏梦手中。

手捧请柬,夏梦难掩内心的激动。当天晚上,她准时来到了影协新春茶话会。在签名台边,与会的嘉宾按照要求签下了自己的名字。而提笔立在一旁的夏梦却颇多感慨。悄然离别的这12年里,她都用本名生活,因为不当演员了,"夏梦"这个艺名便很少用了,如今提起毛笔,洋洋洒洒挥就的两个字,凝结着多少回忆和过往。

所谓的新春茶话会，其实是多年未见的新老朋友们，趁着节庆好好聚聚，当天电影演员、导演、编剧、摄影、美工、文艺界其他方面知名人士等三百多人如约而至。大家欢聚一堂，共度佳节。问候声、笑声，响成一片。应邀出席的相声大师侯宝林，在大家的起哄下，即兴来了一段相声，名叫《和尚》。茶话会后，大家还看了卓别林的纪录片。如此欢腾与祥和让夏梦有了"回家"的熟悉感。

回想起这十余年的引退生涯，夏梦动情地说："在这悠长的日子里，我并没有忘记这个电影界的'家'。我虽然离开了岗位，但我并没有迷路，我还清楚记得走惯了的家门口。我也时常思考一些问题：为什么我们会感到无戏可拍？为什么我们的进步电影事业遭到挫折呢？这不单是我一个人的问号，而且也是电影圈中人的问号，包括那些一刻也没离开过这个圈子里的编、导、演同人，都在发出这个疑问。这种情况，在香港电影界的反映，会更强烈一些，因为我们这些年来的处境也是够困难的了……"

夏梦的青春年少都是在聚光灯下度过的，从青年走进了中年时代，在她表演经验积累深厚、创作力最旺盛的岁月，她却只能离开影坛。

好在，文艺的春天翩然而至，终于盼来了春暖花开。

1979年10月30日至11月15日，中国文学艺术工作者第四次代表大会在北京人民大会堂召开。这次大会是在中国共产党第十一届三中全会之后召开的，全面总结了中华人民共和国成立后30年文艺战线上正反两方面经验，是经过"文化大革命"后召开的第一次代表大会，在中国文艺运动史上具有里程碑意义。茅盾还特意为这次"文代会"写了一首词，题为《沁园春·祝文艺春天》。

出席"文代会"的代表有3200名，汇聚了文学、戏剧、音乐、美术、舞蹈、电影、曲艺等文艺界的名流，更有夏梦、李萍倩、吴楚帆等人为首的香港电影界代表。

当时盛况空前，星光熠熠。而作家梁羽生当时在专栏中却写道："重开的'文代会'中，你猜谁的风头最劲？不是丁玲，不是艾青，不是萧军，甚至也不是巴金。是香港的电影界代表夏梦！"

可想而知，当时重新出席活动的夏梦引起了多大关注，恐怕她自己也想不到能够在这样的盛会中大出风头吧？恰巧在这期间，全国各地重映夏梦主演的《三看御妹刘金定》，北京电视台也一播再播。香港代表团因为有夏梦在，就变得十分吃香，因为大家都想来看看这位银幕里的大美女，都想来和夏梦会会面。而在会上，夏梦最惊喜的就是与故人久别重逢。

说起这位故人，大家也十分熟悉，那就是夏梦生命中的第一位"丈夫"——同为长城电影公司演员的韩非。想当年，初出茅庐的夏梦与长城一哥韩非是有名的银幕情侣，夏梦的处女作《禁婚记》就是和韩非合作。在合作完电影《白日梦》后，韩非离开了长城电影公司回到上海，先后在《斩断魔爪》、《幸福》、《小足球队》、《小康人家》、《林则徐》、《聂耳》、《香飘万里》、《血碑》、《乔老爷上轿》、《锦上添花》、《魔术师的奇遇》等影片中扮演了各种类型的角色。20世纪50年代中期，文化部召开的全国优秀影片授奖大会上，他主演的《一板之隔》受到了奖励，还为《勇士的奇遇》等多部译制片配过音，受到了人们的好评。韩非戏路广，不论正面人物或反面人物，底层贫民或上层权贵，他都能演得十分松弛。他特别擅长演喜剧，他那适度夸张、风趣的动作、真挚的感情引起观众的笑声，被称为我国"别具一格的喜剧演员"。他主张多接触生活，多接触各种各样的人。他说："干咱们这一行就是演人，不了解人那怎么行？"他的兴趣很广泛，多方面多层次体验生活，为他在银幕上扮演各种各样的角色打下了基础。

夏梦和韩非已经二十多年没碰面，直到 1979 年"文代会"的召开。谈起当年的合作以及昔日在长城电影公司共事的点点滴滴，大家抚今追昔，在过往的悲欢离合中，也是另有一番悲欣交汇的感慨。

当然，感慨之余，历时半个月的文艺界盛会也接近尾声。1979 年 11 月 15 日，作为第四届"文代会"闭幕压轴节目，《诗刊》社在北京首都体育馆举行了一场盛大的诗歌朗诵演唱晚会。白杨、张瑞芳、秦怡、孙道临、李默然、朱逢博等艺术家都参加了。夏梦在晚会上，朗诵了郭沫若《黄浦江口》诗篇，激情满怀地抒发归来的欢乐，也寄托了上海对她的哺育恩情。

在观众席上，一位耄耋老人听着夏梦真情的朗诵，激动不已。这位老人就是周恩来总理的夫人邓颖超。夏梦刚从舞台上下来，受邀与邓颖超同座。两人都还记得第一次见面的时候,是在中南海,那时一众风华正茂的电影女明星环绕在周恩来和邓颖超的身边,聊着中国电影的现今与未来,聆听着总理的谆谆教诲。

《诗刊》社文艺晚会结束后,参加演出的艺术家和演员们和邓颖超合照,夏梦和白杨坐在前排,一左一右,握着邓颖超的手,而后排站着温可铮、王铁成、张瑞芳、李光羲、秦怡、朱琳和孙道临。这个场景何等熟悉?当年,中南海紫光阁外,灿烂阳光下,周恩来和邓颖超与十余位女明星不也是这般合影吗?似水流年,一张张脸庞重叠在一起,这影与影的交叠中,有太多说不尽的故事……

第八章
归来·
梦回仲夏之夜

"青鸟"殷勤为探看

文艺界盛会上的惊艳亮相，令无数人翘首以待。女神终究回归，虽年届中年，但身段、容颜保养甚好，所有人都竭尽想象，夏梦下一个荧屏角色得多摄人心魄？

可是，面对重新目睹夏梦银幕风采的万千影迷们，夏梦并没有被一波又一波的热情期待和诚意邀请打动。在她看来，自己已经过了当演员的年龄和劲头了。对于自己的老东家长城电影公司，夏梦也没想过要回去，尽管她十分清楚那里是她事业的起步和成长的沃土。

决意不再演戏，可却割舍不下内心深处对电影的喜爱和热忱。世间哪得双全法，不负如来不负卿？思前想后，夏梦有了当独立制片人的念头。

相较于演员，独立制片人的工作比较纯粹，牵扯少，决定事情不用开那么多的会议，对框框条条也用不着那么惶恐，所以灵活得多，因而影片的质量容易提高。而且，夏梦也深刻地意识到，自己并非当导演的料子，但对她而言，演戏已经不再是"选项"。在夏梦看来，过去做演员相对比较被动，但做监制却能化被动为主动。她满怀抱负，有属于自己的视野和展望，并有了当监制的念头。因此，夏梦最后没有回到长城公司，而是得到时任国务院侨办主任、全国人大常委会副委员长廖承志的同意后，自组公司搞独立制片，也就有了后来的青鸟公司和《投奔怒海》。

事实上，在担当长城电影公司当家花旦的时候，夏梦并不只拘泥于演员的角色。从刚满 18 岁就入行以来，夏梦对电影有种与生俱来的热忱。无论到哪里，干什么事，总想去看看电影，无论是电影广告、票房纪录、好片、好角，都会产生一种艺术嗅觉。所以，在演员生涯的早期，夏梦就尝试过编剧的工作。

1959 年，夏梦和同公司的演员龚秋霞、李嫱成立了一个编剧小组，准备创作一个剧本。而创作最初的灵感，是从一位男同事代老婆做家务，自嘲"大脚娘姨"那里受到启发的，她们想让一般自尊自高的男人做做"大脚娘姨"，至少他会明白管理家务是怎样的累赘和吃力。后来，男演员金沙和苏秦也加入到编剧小组，他们以男人的视角认为时下完全不愿意做家务的大男子主义者已经不多了，尤其是当时风华正茂的金沙是十足的"钻石王老五"，对男人哺育小孩这个话题很有兴趣。

在男女演员你一言、我一语的讨论中，剧本的概念便这样展开了。不过由于五人的想法不同、理解不同，所以往往难以达成统一，尤其是在提供素材的时候，提议者必须有绝对的说服力。有的时候为了一场戏的内容，半数说好，半数说不好，于是争论来了，甚至激辩得大叫大嚷，双方面红耳赤。

最苦恼的是剧情发展受到了阻力，大家便要挖脑子拼命想了，此时的情形便非常滑稽，有瞪着眼看天花板的，有闭着眼敲自己脑袋的，也有我看你，你看我的，一时鸦雀无声。为了防止发生急躁不安的情绪，他们就找别的东西来轻松一下，哪怕听几张音乐唱片也是好的，不然人的大脑中枢神经过分紧张，反而会阻碍思想发展。就这样，第一次担任编剧的五位演员凭着一股勇气和热情，耗费两个月的时间，创作了剧本《王老五添丁》。有意思的是，这部电影编剧的名字为"伍创"，意为"五人创作"，正是夏梦和四位同事组成的编剧小组的代号。

《王老五添丁》讲的是同住的王老五小傅、老沈及小黎出于好心，收留一名弃婴，却因缺乏育儿经验，乌龙百出，险遭女房东迫迁，还差点丢掉工作，幸得新邻居李慧帮忙。故事情节流畅，环环紧扣，不少巧合幽默设置得极为讨喜。

在中外影坛，编剧这差事，除非是自动请缨，不然一般都不会落在演员身上，更甭说当家的大明星了。不过，对夏梦他们而言，集体创作还是挺有意思的，毕竟一个人的思维有限，再说自己生活圈子又小，即使有丰富的想象力，也不免要偏差，误入邪途，当场有几个人指点一下，这毛病就不会发展了。

有了这次编剧的经验，夏梦对"一剧之本"有了深刻的认识，在她看来，剧本就是电影的灵魂，所以演员时代，她严选剧本的作风早已不是新闻。也许，正是这种对电影纠缠不清的"迷"，或者说，由于这种异乎寻常的爱好，夏梦想从演员转型成制片，她想制作一部严谨而结构完整的作品，想拍一些大家可以接受的戏，但又不能盲目跟风、拍摄有违自己艺术良知的电影。

为了能拍出让观众满意的电影，夏梦常常一个人去电影院看戏，不喜欢的题材也会看，就是要观察观众的反应。放映到哪些情节或画面，观众有什么反应、什么情绪，什么让他们离场了？当时这就是她作为制片人的功课。

千呼万唤，夏梦监制的处女作就是《投奔怒海》，导演许鞍华，演员刘德华、林子祥。

如今看来，这部电影从导演到演员，都堪称阵容强大，不过当时的他们还都是初出影坛的小字辈，甚至将这部越南题材的影片当作自己演艺生涯的起点或是突破。

其实在公司尚未成立之前，夏梦就已经积极寻找电影题材，尤其希望能从新闻题材出发，拍出一部有意义的反映现实的作品。当时恰逢越南逃亡"船民"事件成为国际新闻焦点，这触动了夏梦的敏锐直觉。

20世纪70年代末，越战结束后，英国政府在日内瓦签署一项关于处理越南难民问题的国际公约，其中内容包括将香港列为"第一收容港"。因此，从越南出逃的难民，由第一收容港先行接收，再经西方国家甄别难民的资格，符合甄别标准的难民可转去这些国家定居，剩下的则由第一收容港政府自行遣返。不少越南难民因误信香港非法入境者可获特赦的传言而进入香港，而西方国家亦逐渐减少收容到香港的越南人。由于香港邻近多个国家，它们要求香港成为"第一收容港"，把照顾难民起居的责任推给香港，使政府的负担加重。收容一名越南难民，香港政府每年大约需要花费公币1.2万港元，至1998年为止，联合国难民专员公署欠下香港11.62亿港元的债项，直到现今仍未归还。

不堪重负的香港政府开始实施"甄别政策"，把政治难民定义为"难民"，经济移民等非难民则定义为"船民"。凡是因经济问题而进入香港的越南船民，他们会被视作非法入境，不能被转送到第三国，并将被遣返越南，这个政策通过香港电台以越南话播放，以试图阻止大量越南人进入香港。

目睹这一新闻焦点的夏梦陷入思考，到底哪一类的人逼迫无辜的难民们投奔怒海？而逃亡之前，他们过的是怎样的生活？大批的越南人逃离自己的国家投奔世界各地，无论他们的生活行动所引起的是同情或是非议，但他们确是迫不得已冒着生命之险逃亡求生的。夏梦想用电影把这些描绘出来，或许可以完成一部新闻性很强的电影。不过，精益求精的夏梦单是剧本就花了两年时间。

一开始的时候，夏梦找到了香港新浪潮编剧陈韵文。陈韵文写完初稿后，夏梦不太满意，坚持要把剧本改到她满意为止，加上演员阵容的变更，屡写屡改，最后陈韵文一生气就撂担子了。后来换上金牌编剧邱戴安平执笔。

曾于20世纪60年代在邵氏公司任编剧的邱戴安平真名为邱刚健，邵氏时期曾编剧过《爱奴》《死角》《唐朝豪放女》等作品，80年代后主要化名为邱戴安平或戴安平担任电影编剧，后来关锦鹏导演的《地下情》《胭脂扣》《阮玲玉》等片都是由他编剧。

据邱戴安平回忆："1980年时，许鞍华准备做《胡越的故事》，她找到我让我改完《胡越的故事》剧本的后半部。不久后就是《投奔怒海》，许鞍华早在电视台工作时就对越南题材非常感兴趣，她把书面的东西全部给我，让我来写，隔一两个晚上来找我吃饭，偶尔会谈一些剧本，但不是很多，完全是放心让我自由在做。"

《胡越的故事》和《投奔怒海》两部影片的背景都直接涉及越南，许鞍华一再强调这两部影片只是人性电影，而非政治电影。邱戴安平也表示赞同："那个剧本写了七万字，非常厚，但却是没有经历过政治动荡的人关在书房中写出来的，听了上百遍莫扎特的《安魂曲》。其实是完全天真的人从人性的角度出发描述和构架的剧本，所以作为编剧觉得自己还蛮职业的。剧本交给许鞍华，她看过后没有提什么意见，后来影片是非常忠实剧本拍的，记得许鞍华说这是她看过的最好的剧本。"

因为坚持剧本完全改好了才正式开拍的原则，夏梦还损失一笔已经签好工作人员的订金。夏梦对剧本的要求已经到了苛刻的程度，源自当年在长城和凤凰公司拍电影的传统，夏梦坚信剧本是电影的灵魂，一定要有完整的剧本，戏拍出来才有希望，开动机器以前就要有很完整的剧本。

经过两年半的雕琢，剧本总算成型了。导演的选择过程倒是轻松了不少，夏梦看中了香港新浪潮电影新锐导演许鞍华，不仅因为许鞍华正年轻，而且她此前已经指导过一部越南题材的电影《胡越的故事》。而另一方面，许鞍华从小就看夏梦的电影，尤其喜欢她演的《满园春色》，所以当夏梦找到她的时候，她二话没说就答应了。

至于选角，夏梦和许鞍华属意的主角是周润发，因为他在这之前拍过《胡越的故事》，和许鞍华合作愉快，开始也答应接拍了。阵容还包括林子祥和缪骞人。本来接洽工作进行得很顺利，一切也准备就绪，不想周润发却临时因个人考虑而突然婉拒。

原来，虽然《投奔怒海》讲述的是越南难民的故事，但无法在越南拍摄，夏梦就建议去跟越南气候很相近的海南岛拍摄。眼看电影就要开拍了，剧组也准备往海南岛出发，而周润发突然决定退出，让夏梦的拍片计划，一下子陷入僵局。此时，周润发、林子祥向夏梦举荐刘德华。当初的刘德华只是刚从无线演艺训练班毕业不久的新人，周润发和林子祥甚至都记不起他的名字，只是记得这个年轻人在他们的电影里跑过龙套，印象还不错，也许适合这个角色。

为了找出林子祥记忆里这个无名的群众演员，剧组的工作人员着实回忆了好久。最后倒是摄影师钟志文想起了林子祥所指的便是刘德华。于是，夏梦决定找刘德华洽谈。

事实上，刘德华自己多年之后依稀记得当时的场景，他在回忆文章里写道："夏梦就坐在我面前，架着茶色的眼镜，和颜悦色地说：'刘先生，很抱歉这么匆忙地找你，我们找你演的角色，坦白说，原本属于周润发的，但他推了，我们不得不找第二个人代替。'我答应24小时内给她回复，我一直想问她周润发为什么不肯接拍这部戏，但又怕冒昧，所以始终没有问出口。夏梦告诉我是发仔提议找我接拍这戏的，还有钟志文和林子祥……"

由原本的周润发换成后来的刘德华，夏梦便再度在剧本上要求做修改，把原本的主角，即之前周润发饰演的祖明，换成林子祥饰演的日本记者芥川汐见为主人公。这里选择一个日本人的视点很有意味，大约因为日本与越南之间的关系不远不近，非敌非友，便于客观叙述，不添加主观色彩，与许鞍华的日本血统也有一定关系。而美国、法国、中国，皆不能以局外人目光冷静诠释。

而一开始，这部电影的初名定为《船民》，电影发行后的英文片名，依旧保留这个名字：Boat People。而《投奔怒海》的最终片名则是由金庸改的。

就这样，剧本到位了、导演和演员选定了，夏梦的电影公司也才正式开张了，名为"青鸟"。提起这个名字的由来，还有一番说法。"青鸟"两字是一位戏剧界的老前辈给起的，她借用外国作家梅德林的童话"The Bluebird"的名字，这个童话把青鸟象征幸福。中国古代也有青鸟称为"使者"的含义，例如李商隐的诗句有"青鸟殷勤为探看"，夏梦觉得此意甚好，所以采用了。

几经周折，"青鸟"总算起航，从演员到监制，夏梦的电影情怀促成了一次又一次的蜕变。或许当真恰似殷勤探看的青鸟，年届中年的夏梦正张开艺术双翼，虔诚地充当电影世界里的光明使者。

传奇再现江湖

夏梦回归，尽管不是以女神之姿，宁当幕后推手，但是大家也都拭目以待，都想看看这"青鸟"如何"投奔怒海"。

从1981年12月27日到1982年4月16日，《投奔怒海》的剧组在海南岛待了三个多月的时间，拍摄地点包括海口、兴隆及湛江一带。每一场戏，夏梦都不辞劳苦，亲自到场监督，凡事亲力亲为，没有丝毫松懈。

《投奔怒海》于1982年10月22日在香港13家戏院上映。上映第七天，票房就已经冲破560万，大幅领先同期上映的喜剧《八彩林阿珍》和《小生怕怕》。由于观众反响热烈，首映时连番延期，欲罢不能。《投奔怒海》前后在香港联映41天，票房港币一千五百四十余万元；在澳门也放映了六个星期，轰动影坛，成为香港新浪潮的经典力作，并获得一千五百多万港元的票房，刷新本地文艺片票房纪录。

法国戛纳国际电影节选片委员会一致通过，邀请《投奔怒海》参加1983年5月的竞选项目。这是自1975年胡金铨的《侠女》以来，第二部获戛纳国际电影节邀请参赛的香港影片。碍于戛纳国际电影节的规定，夏梦只好回拒早前马尼拉影展参赛和作为开幕电影的盛情邀约。

无论是戛纳国际电影节还是马尼拉影展，两个世界性影展的邀请对《投奔怒海》而言，已经是极大的肯定了，因为参赛不同于参展，参展是谁都可以去的，参赛却要经过主办当局的挑选，这是打进国际市场的绝好机会。

1983年5月11日，法国戛纳，夏梦率领青鸟公司代表团和林子祥、许鞍华等人在戛纳会合。不过遗憾的是，由于法越两国外交关系的复杂原因，《投奔怒海》最终无法参与竞赛，只能作为官方推荐的影片展映。但是，在场的国际电影界代表，早已对"青鸟"的出品关注有加，夏梦还带去青鸟公司出品的另一部影片，片商纷纷接洽购买版权事宜。当时，更有法国电影公司诚邀"青鸟"合作拍摄《投奔怒海》续集，后来因剧本、理念等问题并未成事。

此后《投奔怒海》更是乘胜追击，还陆续参加了纽约国际电影节和爱丁堡国际电影节等，名声大噪。甚至在美国发行上映时，当地片商更代为申请提名美国奥斯卡电影金像奖，后来因参赛条例问题而作罢。

当然，《投奔怒海》风头最劲的是在1983年举行的第二届香港电影金像奖颁奖典礼上。当晚提名的12个主要奖项名单中，几乎都有《投奔怒海》的名字，包括最佳电影、最佳导演、最佳编剧、最佳美术指导、最佳男主角、最佳女主角、最佳新演员、最佳摄影、最佳剪接和最佳电影配乐等。最终，在这12项提名中，《投奔怒海》勇夺最佳电影、最佳导演、最佳编剧、最佳新演员和最佳美术指导五项大奖，众望所归。

饰演琴娘的马斯晨凭借着精湛的演技，获得最佳女主角和最佳新演员的双重提名，巧的是另一位女明星——电影《靓妹仔》的女主角、年仅17岁的林碧琪也同样获得双重提名。前者表现了家破人亡的无助难民少女的形象，而后者是演出了离家出走的失足少女。两位年轻女演员的精彩表演都令评委团们惊为天人，后来几经商议，评委会决定将最佳女演员的奖项颁给林碧琪，而马斯晨则获得最佳新演员的奖项。

而男二号刘德华更是凭借这部电影从一个籍籍无名的新人，成为日后跨越歌坛、影坛和电视界的艺人和享誉国际的大明星之一。所以，一直以来，刘德华将夏梦和许鞍华视为自己的恩人。

这部影片，奠定了许鞍华作为著名导演的崇高地位，夏梦作为监制的魄力和眼光，再度成就自己电影生涯中的另一个传奇。

青鸟公司的第二部电影就是风靡一时的少年功夫喜剧《自古英雄出少年》。

这部电影讲述的是年仅十岁的富绅小少爷"大丈夫"生性顽皮，不服管教。为使其收心敛性，父母替他娶了一个二十多岁的媳妇。媳妇武艺高强，管教甚严，这可苦坏了散漫惯的"大丈夫"，遂找准机会，逃离家门。时逢清朝末年，国家动荡不安，朝廷腐败，烽烟四起。天地会以"反清复明"为宗旨，带领起义民众反抗清朝的高压统治。后因内奸告密，总舵遭到突袭，兄弟死伤无数。总舵主之子在黄婆婆的护送下藏匿江边小城。"大丈夫"偶然机会救下黄婆婆，从此立志加入天地会，永不回家。谁想朝廷派出大内高手，一路追杀天地会遗孤，黄婆婆更被高手所害。"大丈夫"央求媳妇解救被囚的众伙伴，媳妇与天地会取得联系，天地会众人及时赶到石经寺，与媳妇一道救出孩子们。铁彪也闻讯赶来，一场血战，几大高手全部被歼灭。

这部由青鸟公司和峨眉电影制片厂合作的轻松喜剧最大的亮点，是云集了当时中国武术界顶尖的12位少年高手参与演出，包括全国双剑冠军张小燕，全国武术比赛团体冠军任刚（两届通臂拳冠军），四川神童郝勇，神鞭手冯秋英，全国南拳冠军胡益林，四川九节鞭冠军吕立，浙江儿童组全能冠军张勇、徐美玲，全国刀术冠军李殿方，全国武术高手薛剑，全国猴术冠军熊长贵等。其实这些主要角色都是非专业演员，而且个个都是武林高手，这在当时来说并不多见。再者，影片远赴当时尚未开发的四川九寨沟、南溪区等地实景拍摄，风景壮丽，也成为影片一大焦点。

作为一部新颖而轻松的少年功夫喜剧片，《自古英雄出少年》在中国内地的票房非常成功，反响热烈火爆，所以许多"70后"至今对此片记忆犹新。不过，在夏梦看来，这部电影是她所有监制电影里最不理想的。《自古英雄出少年》开拍时，正是《投奔怒海》进行后期制作的时候，夏梦两头兼顾。当时她认准《投奔怒海》会赔本，而《自古英雄出少年》应该可以赚钱的，所以她没有盯得很紧。最后成片的效果与她想的有很大的出入，她觉得这是一部少年武侠片，应该很好玩，可是拍出来的跟最初谈的完全不一样。

不过，当年参演电影的演员们对夏梦的敬业印象深刻，有位演员回忆了当时在拍摄现场的夏梦："夏梦已经五十多岁了，却不顾高温酷暑，顶着阳伞从早上八点多钟到下午五六点钟一直在片场待着，中午也是和大家一起简单地吃个饭，夏梦这种吃苦耐劳的精神感染了整个摄制组，所以尽管拍摄条件艰苦，大家都能坚持下来……"

美人未迟暮

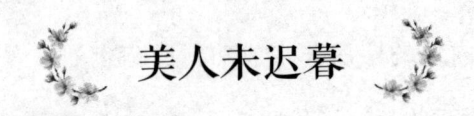

作为制片人，夏梦是称职且成功的。正如她的初心——想拍一些大家可以接受的戏，但又不能盲目跟风、拍摄有违自己艺术良知的电影。无论是《投奔怒海》，还是《自古英雄出少年》，都证明了夏梦的眼光和魄力。

香港新浪潮电影导演严浩说："像夏梦这类制片人，香港实在太少了。我相信香港并非缺乏好的导演，而是缺乏好的制片人，像她这样的制片人，目光远大，并非只看到香港或东南亚的传统思想，也不局限于经济价值，而是作为东方人和中国人，怎样将我们的文化传播到西方……"这一评价缘起于他们合作了青鸟公司的第三部作品《似水流年》。

则为你如花美眷，似水流年。《牡丹亭》惊梦一出唱词总透着少女怀春的况味。在以此为题的电影里，这种况味变成了历经世事的中年女性对少女时代、对过往的念想，增添了一抹难言的乡愁。

《似水流年》叙述的是香港小姐朱珊珊因与妹妹发生遗产纠纷，心里十分烦恼，正值乡下祖母逝世，遂决定动身前往离别20年的粤东潮汕老家奔丧。在家乡，她见到了童年伙伴阿珍和孝松，他俩已经结婚，并生有一个女儿。阿珍是村里的小学校长，能说会写，是一家之主，而孝松则只知耕田不问其他，阿珍很爱自己的丈夫和女儿。当阿珍夫妇俩得知珊珊的事业与恋爱烦恼后，决定共同安慰珊珊。可是，女人的忌妒心让阿珍在同情珊珊之余，又对珊珊与孝松的接触怀有戒心。一天，珊珊见孝松赤脚在田里干活，就买了一双水鞋给他，孝松怕引起误会，将水鞋藏于阁楼上，不想，吃晚饭时，水鞋掉了下来，这引起了夫妇从未有过的误会，扬言要离婚。珊珊的妹妹在香港将事态搞大，珊珊不得不离乡返港，阿珍去送她，两人对视良久，从对方的眼睛里都看到了理解和酸涩。

放在当时，《似水流年》是香港电影类型的异数，有种乡土小清新的感觉。夏梦能够独排众议，选择了严浩和《似水流年》，是有其独到的艺术眼光的。严浩是个很有才华的电影导演，他毕业于英国伦敦电影学院，后入香港无线电视台任编剧、导演。1978年严浩转入影坛，执导的影片《茄喱啡》，被视为香港第一部新浪潮电影。但是，公司内部不少工作人员并不看好他，因为他拍过几部失败的商业片。

当夏梦接过严浩提供的题材时，就决定跟他合作，尽管担着"票房风险"，但是她觉得严浩不是搞商业片的材料，而处理这部片子是有把握的。

在寻找合适的演员上，夏梦和严浩费了一番心思，影片中饰演阿珍的演员，他们看上了斯琴高娃。当时的斯琴高娃已经出演了凌子风导演的《骆驼祥子》中的虎妞，获第三届中国电影金鸡奖最佳女主角奖和第六届中国电影百花奖最佳女演员奖。也许正是心仪斯琴高娃精湛的演技和淳朴的气质，夏梦便给北京八一电影制片厂演员剧团团长田华写了一封信，希望能借用演员斯琴高娃担任新片《似水流年》的主演。

多年之后，斯琴高娃参加访谈时，回忆起当时的场景："夏梦老师很执意地来北京，到八一厂来找我，找当时的厂长，剧本里面因为都是粤语的俚语，一开始我也看不太明白，我就说那就算了吧。但是隔了不久，老厂长又来找我，说不行呀，夏梦又来了，你还是考虑考虑吧。"

夏梦亲自跑到北京，希望能够邀请斯琴高娃参加演出，夏梦向斯琴高娃说起青鸟公司成立的不易，要想在香港这样商业气息浓郁的环境中拍一部严肃的艺术电影更是不容易，夏梦希望"青鸟"能够飞翔起来。之后，严浩导演也特地北上，他诚心地跟斯琴高娃讲述了自己这部电影的初衷，就是想跳脱当时香港给人的"弹丸之地"的感觉，不是情情爱爱的风月片，不是打打闹闹的武侠片，而是要拍一部视野更大的影片。制片人和导演轮番上阵，着实让斯琴高娃感动了一把，而且知道她爱喝酒，夏梦常常从香港给她带上好酒。

而电影中与斯琴高娃演对手戏的顾美华则是初登银幕的新人，她是青鸟公司登广告海选来的。尽管有许多演员愿意扮演姗姗，但是剧组还是花了三个月的时间选角，在通过广告应聘的三百多人里，几乎是最后一个才碰到中意的演员。挑中顾美华的原因，除了天生的外形，气质和表演才能外，她领悟力强，稍一启发就能达到火候。虽然是第一次拍戏的业余演员，但是和斯琴高娃演起对手戏来，还是应付得来。

1984年，斯琴高娃动身前往香港参加拍摄。这是她第二次来到香港，因为此前宣传《骆驼祥子》，她就已经来过一次，不过面对和内地不同的电影氛围和社会风貌，斯琴高娃还是有点不习惯。

电影上映那会儿正值内地改革开放的初期，内地女演员还是保持简单、朴素的打扮。在斯琴高娃之前，出演电影《火烧圆明园》和《垂帘听政》的刘晓庆和陈烨到香港参加首映式，就被一些香港记者嘲笑"老土"。为了避免此类尴尬，夏梦特地请著名美术设计师张叔平为斯琴高娃包装一番。在不让任何记者见到的情况下，张叔平就将斯琴高娃接到某酒店发廊进行发型设计、化妆，再到名牌时装店选购最合适的、最时尚的时装，经过一番精心包装后，斯琴高娃才正式出席记者招待会。当一身时髦打扮的斯琴高娃出现在众多香港记者眼前时，他们惊呆了，这还是《似水流年》里那个在潮汕种地务农的阿珍吗？

这一次，夏梦依旧交上了令人满意的成绩单。和《投奔怒海》一样，《似水流年》扬威第四届香港电影金像奖现场，在当晚 14 个项目中获得十项提名，最终横扫包括最佳影片、最佳编剧、最佳女主角、最佳新人、最佳导演、最佳美术指导六项大奖。斯琴高娃斩获最佳女主角，成为内地演员荣获香港电影金像奖的第一人。不过当时斯琴高娃正在新疆拍戏，不能亲临颁奖典礼现场，她的最佳女主角由夏梦为其代领。

《似水流年》再次成为香港电影史上叫好又叫座的典范。就连大导演李翰祥都对这部电影喜爱有加，他曾感慨道："看《似水流年》，有如读一首淡淡哀愁的诗，像编者在你耳边低吟浅咏！其中摄影和美术的配合，尤其佳妙，因为那不仅是局中人姗姗的'梦'，导演严浩的'诗'，也有摄影师潘行生的'画'，看得使你醒脑提神，在喧喧嚷嚷此争彼夺的尘世中，有如服一帖清凉剂！"

不负众望，《似水流年》在各大电影节中口碑不俗，除了成为 1985 年慕尼黑国际电影节的开幕电影外，该片还是第一届东京国际电影节中的八强之一，在 1985 年美国奥斯卡电影金像奖最佳外语片中位列 32 强。

《似水流年》之后，已然成为金牌制作人的夏梦继续寻寻觅觅，期待青鸟的下一次航行。不曾料想，几经辗转，却找不到起飞的契机。连夏梦都说自己是出了名的挑剔，如果没有百分百好的剧本是不会开戏的。可好的剧本哪里那么容易遇得到呢？

不过在1997年之前，夏梦对监制电影拍摄还是怀有抱负和理想的。毕竟青鸟公司的电影争取过两届金像奖，都算有成绩。这期间，夏梦和著名媒体人列孚、卢燕、陈冲等谈改编张爱玲的《第一炉香》，还买下张贤亮的小说《男人的一半是女人》的电影版权。张贤亮这部引起众多争议的小说，在夏梦看来是主题严肃的小说，它反映了一个时代以及那个时代对人性的压迫。可惜到最后，这两个计划都不了了之，甚为可惜。其实那个时候，夏梦并没有什么固定的计划，只是觉得当时香港电影正流行的武打片、搞笑片不太适合自己，所以选择暂时退出江湖。不过她也表示假如到将来潮流改变了以后，能够拍一些能力范围以内所拍得到的，有适合的剧本的话，还是会拍的。

结果表明，夏梦似乎等不了那一天了，她把苦心经营的青鸟公司卖给江祖贻，希望青鸟公司的艺术生命能够延续下去。面对影迷们的惋惜和不舍，夏梦直言自己年纪老了，如果导演、制作人员跟观众的年龄距离太远，就不知道观众的心理，拍出来的戏观众不接受。其实，夏梦本来还有雄心壮志，想拍一个有关"九七"回归的戏，但是因为种种原因耽搁，直到香港回归后，便觉得这个题材没什么好拍了。

《似水流年》过后，夏梦的作品一直广受褒奖，无论是她出演的或是出品的电影频繁地出现在公众视野。除了香港电影资料馆、北京电影资料馆和上海历年会举行多个专题回顾夏梦的电影之外，1995年夏梦当选"中华影星"，2003年末夏梦把手印和签名留在了香港星光大道，2005年夏梦当选"中国百年百大明星"，并同时出版了纪念邮票。

作品生生不息，可夏梦本人却过得十分低调，除了含饴弄孙的家庭生活，把精神投入到程派京剧艺术的钻研上，并曾担任第五届到第九届政协委员。1994年，夏梦出任"华南影联"副会长，并于2000年起作为荣誉会长至今。

2003年8月，夏梦出任了舞台剧《岁月的风采》的艺术总监，原以为夏梦只是以名誉顾问的形式参与，哪知她十分认真，热情地投入其中。演员排练的时候，她也亲自到场，穿着一件T恤，一件牛仔裤，丝毫没有大明星的架子，坐在小凳子上和演员们讨论剧本，讨论表演，一直到深夜，也不显困倦。

《岁月的风采》之后，夏梦就鲜少出现在公开场合，几乎进入了退休的状态。那段时间里，夏梦每年见一次影坛老友。每年的大年初二，夏梦和林葆诚会约上几位朋友到自己位于香港半山的家里相聚，一定少不了冯琳、白荻、陈思思、张冰茜、李嫱等人。一众好友聚在一起无非就是小酌几杯，闲聊家常，然后在阳台观赏一年一度的香港维多利亚港口烟花会演。林葆诚很幽默，很健谈，夏梦一般不怎么说话，老是在笑。不过到了2007年1月，林葆诚病故后，这个聚会没能再继续下去。

所有挚友中，和夏梦感情最为深厚、称得上知己的当属性格爽朗的冯琳。1960年代拍摄的四部越剧电影都是夏梦和冯琳合作的经典作品。至于服装，冯琳无疑是夏梦的最佳伙伴。无论是银幕上，或者生活中，冯琳称得上是夏梦御用服装设计顾问。在离开影坛的一段时间里，夏梦和当时依旧活跃圈内的同事保持距离，几乎没有来往。唯一的例外，只有冯琳一人。而冯琳对夏梦的拥护和真挚友情，也是不言而喻的。

夏梦对身边人都是以诚相待，对于工作上的伙伴，她也是一个"专情"的人。据说夏梦对自己的作品尚有部分指定的合作团队：摄影师中，夏梦属意董克毅父子或蒋锡伟；在造型和化妆上，早在1930年代业已成名于上海电影界的化妆大师宋小江，正是夏梦的不二人选；而谈到服装和造型设计，戏里戏外，同事兼挚友冯琳无疑是夏梦最亲密的伙伴。

不过到了2010年，年事已高的冯琳因病去世，丈夫和好友的离去使得夏梦晚年生活更加深居简出。如今，能偶尔通通电话的也就是同演《三看御妹刘金定》的李嫱。夏梦住在香港，李嫱住在清水湾，她们不常见面，但是只要偶尔一通电话，大家都似乎就有一种默契，都会知道对方在想什么，就自然地侃侃而聊起来了。

2008年9月10日，第十七届金鸡百花奖举办了夏梦女士电影作品回顾展。在致辞中，夏梦为自己的电影生涯，做了一个完美的总结：这个电影回顾展并不属于我个人的，而是所有台前幕后工作人员，大家集体创作的成果。在我们那个年代，香港还在英国的殖民统治下。在艰难的环境下，我们对香港进步电影是无私的奉献。这里，还有周总理（周恩来）、廖公（廖承志）、夏公（夏衍）给予的支持、爱护和鼓励。今天，中国电影得到了丰实的成果，我作为中国电影发展长河中的一滴水而感到荣幸。

在光影世界里发光、发热了数十年的夏梦，说自己是中国电影发展长河中的一滴水，岂止啊？多少一路相随的影迷在电影长河边上，任凭弱水三千，只取一瓢仲夏夜之梦。

都说最残忍的莫过于英雄易老、美人迟暮。夏梦何尝不是如此？许久以来背负着"第一美人"的盛名，或许也有过不安、有过无奈。

在1999年的访谈中，夏梦始终认为自己是"偶像派"，不是好演员，更无法活到老、演到老。在她心目中，所谓的"好演员"要能演所有角色，不应该受年龄限制的，可以拍到几十岁，当了老太太还可以拍戏。可她自己却做不到，所以到30岁就要退下来了。不像冯宝宝，可以从五岁演到老年。

在夏梦的电影守则里，有一条经验之谈：剧中人和演出者两者年纪相当最好。否则，宁可年纪小的演年纪大的，不要年纪大的演年纪小的。根据这个看法，她便认定自己不能再当演员了。夏梦曾对记者感叹道："你看像我这样的年纪，还能演戏吗？现在的特写镜头，连一根头发般大小的皱纹也摄得一清二楚。古装戏里涂脂抹粉，可能会好一些，但是谁爱看你这个'老花旦'呢……你说演中年妇女，这个我也想过，但是戏路不对啊，我虽然是女人，但是缺乏一般中年女人的生活体验。我很羡慕李香琴，她的生活经验丰富，演技又好，什么角色都能演，演什么像什么。"

其实，这番言论在喜爱夏梦的影迷看来，绝对是过谦之词了。且不说这位风靡国内外影坛的大美女本来就是天生丽质难自弃，就说在后天的保养上，她也是有自己的一套哲学。

所谓自律即自由，聪颖的夏梦自然知道这个道理。与很多演员不同，夏梦从来都是拒绝夜生活的，因为晚睡带来的黑眼圈眼袋用最重的粉底也补不来，化妆上粉也困难。每天都睡"美容觉"是夏梦保持良好状态的第一原则，在她看来，十八九岁的年轻姑娘可以任性而为，可一旦过了 25 岁，女人的美丽就得靠后天的努力了。纵使在她电影事业最高峰期，长城电影公司当年只拍早班、中班戏，午夜 12 时一定得下班。

据说，在香港电影圈，大家都深信夜班戏是演员发胖的死症，就连周润发都不得不承认，周润发便说过，只要拍夜戏，身体一定胖，因为一到深夜就会无聊，而且容易疲惫，就只好跟着大伙儿一起宵夜，那些高热量的点心、糖水简直是身材变样的夺命符。

所以，从少女时期开始，夏梦便对自己的生活习惯安排有序，十分有规律。当年 12 点下班，不碰宵夜便上床，一天睡足八小时是她的永恒定律，因为充足睡眠对她隔天的电影拍摄十分重要。夏梦不吃也不碰煎炸食物，虽然身为上海人，但半个世纪的香港生活让她习惯了广东人的清淡饮食口味，她家的女佣阿彩除了烧得一手地道上海菜外，广东老火汤、蒸鱼、小炒泡制一概了得。

当然，有时与朋友出门逛街，一顿丰盛的英式下午茶在所难免，夏梦每次也都欣然接受，只是对于蛋糕、可颂之类的甜点及带有鲜奶油的食物，夏梦都是拒绝的，她只是真正的纯喝奶茶或咖啡。

当有记者采访时，问夏梦什么是常保美丽的秘诀，夏梦坦言她信奉"you are what you eat"，也就是你吃什么便变什的信条。所以，在夏梦的日常生活中，她没有吃零食的习惯，而且朱古力、糖果什么的也都免谈。她笃定地认为一日三餐营养均衡就已经很足够了，说到饮食方面，她注意早、午两餐，蔬菜很重要，但午餐偶尔一顿重量级牛排却是她的最爱。夏梦其实没有一般人减肥的"节食"，而是吃得多，吃得好，只是她注意如何吃，何时吃及吃的内容。夏梦说她的补养秘方并不特别，与其他女明星早晚餐餐燕窝养颜的重视程度不同，她一星期将冰糖燕窝当作早餐的次数不会超过三次。

至于运动方面，夏梦从来都不怎么积极。大儿子林建宇出生后，为了保持身材，夏梦练过一段时间的瑜伽，不过最后因为没有恒心便不了了之了。对于很多演艺圈的后辈，流行食用药物来减肥，夏梦一向都是嗤之以鼻的，她认为保持身材要以健康为前提。

从早年出道，到后来生儿育女，夏梦一直保持良好的体态，一点都不胖，一双小腿线条尤其优美，令很多妙龄少女都自愧不如。相比令夏梦深感满意的小腿，她对自己的双手却不怎么满意，她还开玩笑地对记者说，自己长年忽视这一双手，连雪花膏也没涂，年纪大了，其他部分保养不错，唯独这双手太不好看了。说着，夏梦便将双手摆在记者面前晃了晃，这双细长的且善弹钢琴的手上，确实留下了无法掩饰的岁月留痕。

不过说到底，放眼当年的香港影坛，夏梦数得上号召力强的偶像派加实力派。在事业最巅峰的时候急流勇退也是无奈之举，离开电影圈的 12 年光阴并非刻意蹉跎。待到岁月静好，重返江湖，江湖已翻天覆地，唯剩传说犹在。可这些为传说而来的人们又能驻足守望多久呢？中断的流光，一去不返，未了的情也不一定非得续上。

最美的神话依旧有终点，丙申年的暮秋，夏梦走完 83 年的华美乐章，幻化成璀璨夜空里的一抹流星。斯人已逝，她最美的青春年华却都留在了永不褪色的胶片里，成全了香港老电影里最后的芳华绝代。但愿，每每提起女神夏梦，依旧是记忆里那般笑语晏晏的模样……

后记
一梦一甲子

略略十余万字,书写绝代佳人的风华正茂、岁月如歌……

书得尽吗?书不尽的。

美人如花隔云端。对于未曾经历过那个年代的我们而言,夏梦是光碟里久远的历史印记：那个时候，黑白电视并不高清；那个时候，彩色电影刚刚起步；那个时候，夏梦年轻、貌美，可我们还未相遇。

如今，年过八旬的夏梦已经在光影世界里流芳了半个多世纪。诚如本书开篇序言所说，美成传奇，却又安然顺遂的，大抵也就夏梦一人。这全因着她的谦逊、学识、眼界、聪颖以及见好就收、毫不恋战的性子。其中的人生哲学并非几个短短的词组就能概括得了的，见多了恃才傲物，看惯了红颜薄命，难得目睹如此美艳却低调的才女。

电影是造梦的艺术，而夏梦是造梦者，又是梦中人。这抹缱绻了一个甲子的仲夏夜之梦，承载着多少由古及今的喜怒哀乐，扮演了多少如花美眷的悲欢离合。在芸芸众生眼里，夏梦确是隔着云端与我们相望，更或是在遥不可及的云端之上，这兴许是每个人梦中的人生，一路美到不自知，一路万千宠爱在一身，一路幻化成为一个时代的传奇。

图书在版编目（CIP）数据

夏梦传：东方的赫本 / 白芷寒著 . —北京：
中国华侨出版社，2016.11
　　ISBN 978-7-5113-6477-7

Ⅰ . ①夏… Ⅱ . ①白… Ⅲ . ①夏梦（1933-2016）- 传记
Ⅳ . ① K825.78

中国版本图书馆 CIP 数据核字（2016）第 278254 号

夏梦传：东方的赫本

著　　者 / 白芷寒
责任编辑 / 文　喆
责任校对 / 王京燕
经　　销 / 新华书店
开　　本 / 670 毫米 × 960 毫米　1/16　印张 /17　字数 /181 千字
印　　刷 / 北京建泰印刷有限公司
版　　次 / 2017 年 1 月第 1 版　2017 年 1 月第 1 次印刷
书　　号 / ISBN 978-7-5113-6477-7
定　　价 / 32.00 元

中国华侨出版社　北京市朝阳区静安里 26 号通成达大厦 3 层　邮编：100028
法律顾问：陈鹰律师事务所
编辑部：（010）64443056　　64443979
发行部：（010）64443051　　传真：（010）64439708
网　址：http://www.oveaschin.com
E-mail：oveaschin@sina.com

夏梦传

东方的赫本

白芷寒 著

中国华侨出版社